Die Heilkraft der Raunächte

Die Magie einer besonderen Zeit

Myriam Veit

nymphenburger

INHALT

DIE RAUNÄCHTE UND IHRE BEDEUTUNG

DER ZAUBER DES ANFANGS

DIE ZWÖLF MAGISCHEN RAUNÄCHTE

WERTVOLLE TIPPS FÜR DEINE RAUNÄCHTE

Die Raunächte und ihre Bedeutung

Zwischen den Jahren öffnet sich ein einzigartiges und kostbares Zeitfenster, in dem magische Kräfte wirken und die Welt zur Ruhe kommen darf. Spüre die Heilkraft dieser besonderen Nächte und finde Antworten für dich.

DIE RAUNÄCHTE – WAS IST DAMIT GEMEINT?

ZWÖLF NÄCHTE VOLLER MAGIE

Die Raunächte sind seit ein paar Jahren wieder in aller Munde. Aber welcher Begriff ist denn nun der richtige: Rauhnächte oder Raunächte? Tatsächlich gibt es beide Schreibweisen. Historisch betrachtet werden die Raunächte auch als Rauchnächte bezeichnet, hergeleitet von »Rauch«, »Nebel« oder »haarig«. Da in dieser Zeit viel geräuchert wurde, vermutete man hier zeitweilig einen Zusammenhang. Der Begriff lässt sich jedoch ebenso gut von »haarig« herleiten, im Sinne der Tiergewänder der wilden Perchtengestalten. Pelzartikel werden beispielsweise auch heute noch Rauchwaren genannt. Weitere Bezeichnungen wie »Glöckelnächte«, »Zwölf Nächte« bzw. »Inner(t)nächte« oder »Losnächte« sind auf das Glockengeläut in diesem Zeitfenster zurückzuführen, auf die verschiedenen kalendarischen Berechnungsformen des Jahres bzw. den Zeitraum an sich sowie auf das Losen und Orakeln.

In den Raunächten walten besondere Kräfte, die dir eine einzigartige Zeit der Innenschau ermöglichen.

Der Humanist Johannes Boemus schrieb gemeinsam mit Sebastian Franck von Wörd, u. a. Theologe, Philosoph und Buchdrucker, einprägsame Zeilen über die Raunächte: »Die zwolff naecht zwischen Weihenacht und Heyligen drey Künig tag ist kein hauß das nit all tag weihroch rauch in yr herberg mache / für alle teüfel und gespenst vnd zauberey.« Übersetzt bedeutet das: »In den zwölf Nächten zwischen Weihnachten und dem Dreikönigstag gibt es keinen Haushalt, der nicht jeden Tag Räucherwerk – Weihrauch dient hier nur als Überbegriff – gegen Gespenster und Teufel räuchert.« Gespenster sind in dem Zusammenhang als Sinnbild für alles Übel dieser Welt zu verstehen.

EINE ZEIT DER INNENSCHAU

Der Ursprung der Raunächte geht vermutlich auf die mondkalendarische Berechnung der Germanen zurück, die im Gegensatz zur sonnenkalendarischen Berechnung mit 356 nur 354 Tage in zwölf Mondmonaten umfasst. Die elf Tage zwischen diesen beiden Berechnungsformen wurden als aus der Zeit gefallen betrachtet. In der Regel werden die Nächte zwischen dem 25. Dezember und Dreikönig als die zwölf Raunächte bezeichnet. In manchen Regionen berechnet man die Raunächte auch ab der Wintersonnwende bzw. dem Thomastag. Auch betrachtet man in einigen Gegenden bestimmte Nächte gesondert, die die Menschen dort als besonders wichtig erachtet haben. Allen Betrachtungsweisen liegt die Annahme zugrunde, dass hier besondere Kräfte walten und dieses »geschenkte« Zeitfenster der Innenschau dient. In den Raunächten sollen die Menschen möglichst nicht arbeiten, sondern den Blick auf das Wesentliche richten. Ähnlich der Fastenzeit geht es hierbei um das Gewahrwerden dessen, was wir nähren und unterstützen durch unsere Gedanken und unsere Emotionen. Um die innere und äußere Klarheit zu fördern, wird spätestens am 5. oder 6. Januar das ganze Haus geputzt. Hinterher werden Haus und Hof durch mindestens eine kraftvolle, rituelle Räucherung gereinigt. Noch besser ist es allerdings, wenn vor Beginn der Raunächte alles bereits gesäubert ist, sodass du dich in dieser kostbaren Zeit der Innenschau nicht um deinen Haushalt zu kümmern brauchst. In den Raunächten selbst stehen die Räder still – das heißt, weder Wagenräder oder Spindeln noch Wachmaschinentrommeln oder andere moderne Gerätschaften sollen sich drehen. Es geht um die Reglosigkeit des Außen, um nach innen blicken zu können.

Alle Ablenkungen gilt es loszulassen, um wieder durchzudringen zum Wesentlichen, sich selbst zu spüren und verankert zu sein. Dabei hilft es, Träume zu notieren, die dich in den Raunächten heimsuchen. Vielleicht haben sie Botschaften für dich, vielleicht helfen sie dir in deiner Selbstre-

Vor Beginn der Raunächte, sollten Haus und Hof gereinigt sein, damit in der kostbaren Zeit der Innenschau keine Arbeit mehr getan werden musste.

flexion. Die die Raunächte abschließende Perchtennacht ist die Nacht, in der du überprüfen darfst, wo du stehst, ob du dich hast klären und ggf. läutern können, um das neue Jahr in Würde einzuladen. Auch ist es eine Nacht der Besinnung, vor allem für die Frauen, die ihrer ursprünglichen Weiblichkeit auf die Spur kommen wollen. Männer hingegen werden in ihrer Standhaftigkeit und Klarheit geprüft, diese wilde Weiblichkeit zu unterstützen, da die Kraft der Frauen so nahe am Lebenspuls ist: durch das Gebären, das Werden und Vergehen, welches in ihrem Schoß liegt. Frauen, die ihren Zugang hierzu verloren haben, werden oft von der Percht mit ihrer Wilden Jagd daran erinnert, wer sie wirklich sind: Sie fegt ins Haus, zerschmettert Geschirr oder stiftet anderweitig Unruhe. Die Percht steht für das wahre Hinsehen und Anerkennen der Eigenmacht. Und zwar ohne dabei faule Kompromisse mit der Angst einzugehen oder zu gesittetes Verhalten aufrechtzuerhalten, welches das Echte, das Eigene, das Spontane oder auch das Wilde untergräbt.

RÜCKKEHR ZU DEN WURZELN

In den Raunächten ist es möglich, ein sensitives Gespür für die Hausgeister, die Pflanzendevas und die Erdenergien deines Platzes zu entwickeln.

Es heißt, Tiere können in dieser Zeit sprechen, Heilpflanzen haben besondere Kraft und Lichtwesen bzw. Naturgeister können leicht wahrgenommen werden. Die Hausgeister wurden früher mit kleinen Geschenken bedacht wie z. B. Schälchen mit Milch oder Ähnlichem. Der Mensch empfand sich als Teil der Natur, integriert und in Harmonie mit derselben. Die Idee, sich die Erde untertan zu machen, entwickelte sich erst später und erlangte bald eine erschreckende Perfektion. Gerade deshalb sind diese besonderen Nächte heute wieder so einzigartig und kostbar. Die Natur zieht sich in dieser Zeit ganz in sich, in die regenerativen Kräfte zurück. Pflanzen und Bäume holen die Säfte zurück zu ihren Wurzeln, der Erdboden erholt sich, manche Tiere halten Winterschlaf – alles Tun und Kreieren, alles Fruchtbare kommt zur Ruhe und der Nährboden wird bereitet. Auch der Mensch kehrt zu seinen Wurzeln zurück, um dann für ein neues Jahr erholt und kreativ im Licht wieder geboren zu werden.

Das Räucherritual steht u. a. für die Verbindung von Himmel und Erde– insbesondere durch den aufsteigenden Rauch – und zeigt dir als Mensch deinen Platz dazwischen. Die verschiedenen rituellen Räucherungen dienen dazu, das Alte, Unliebsame und längst Überholte loszulassen, um dem Neuen, dem Licht und dem Leichten Platz zu machen. Du reinigst deine energetischen Kanäle, um wieder frei zu werden für Wahrhaftigkeit, Hingabe und den Fluss deiner lebendigen Kraft. Du kannst auch an deinen Lieblingsorten in der Natur räuchern, aber auch in deinen Räumen und deinem Kraftfeld. Nach der Räucherung öffne alle Fenster, lass raus, was raus muss und gönne dir einen Moment in Stille, um einzuladen, was du dir für den neuen Lebensabschnitt wünschst. Du kannst das visualisieren, in Meditation gehen und wenn du magst mit einer weiteren Räucherung bekräftigen, die das transportiert, was du dir wünschst. Anleitung zur Räucherei vgl. S. 114

WUNDERSAMES ORAKELN

In den Rau- oder Losnächten wurde viel orakelt und es gab zahlreiche lokale Weissagungsbräuche, die zum Teil regelrecht kurios anmuten, wie das Werfen der (damals so kostbaren) Schuhe. Das Losen kennen wir noch aus der Silvesternacht durch Bleigießen, das Legen von Karten oder das Runenwerfen. Bestimmte Rituale waren von großer Wichtigkeit, so durfte keine Wäsche auf der Leine bleiben, damit sich keine Geister darin verfingen. In jedem Fall durften keine weißen Laken darauf hängen, da diese sonst als Leichentuch im kommenden Jahr verwendet werden konnten. Zukünftige Ehepartner konnten erspäht werden, und wenn man Bräuche gewissenhaft verfolgte, konnte man sogar den eigenen Todeszeitpunkt erfahren. Ließ man sich jedoch von Trunksucht oder Spiel verwirren, geriet man leicht in die Fänge der Nebelgestalten, der Irrwesen oder des Todes selbst. Es galt also, völlig klar und präsent zu sein. Die Faulen, die Eigennützigen wurden durch die Wilde Jagd bestraft – eine gute Idee also, die eigenen, vielleicht im modernen Leben anders gelagerten, aber dennoch ebenso nicht ganz ungefährlichen Machenschaften des eigenen Egos anzusehen. Die Nornen webten die Schicksalsfäden neu und wenn die Menschen ihnen mit Achtsamkeit begegneten, konnten sie beeinflusst werden.

Doch nicht nur die persönliche Entwicklung konnte vorhergesagt werden, sondern auch das Wetter: Jede der zwölf Raunächte stand für den entsprechenden Monat im darauffolgenden Jahr. War das Wetter in der ersten Rau- oder auch Wetterlosnacht mild und sonnig (gemeint ist dann natürlich der Tagesverlauf), so war ein solcher Januar zu erwarten. War die zweite Raunacht stürmisch und kalt, so vermutete man, der Februar würde es auch werden. Man ging aber ebenso davon aus, dass die individuellen Erlebnisse der Raunächte auf den Jahreslauf übertragen werden könnten.

Es hieß, dass sich das Tor zur Anderswelt, das sich Ende November geöffnet hatte, ab dem 6. Januar wieder schließen würde, und das neue Jahr nahm seinen Lauf. Je bewusster dies eingeläutet und begleitet wurde, desto besser konnte das neue Jahr werden. Wenn Freya das Jahresrad am 7. Januar wieder andrehte, wich der Stillstand dem kommenden Jahr mit allen neuen Optionen und Möglichkeiten.

MACHTVOLLE NÄCHTE

Im Bayrischen Wald findet man einen reichen Schatz historischer Bräuche, die die Raunächte betreffen. Man sagte, der »Satan ist um d'Weg«, aber auch die Angst vor Hexen, Druden oder einer Verzauberung war überall präsent. Mädchen, die Reisigbündel trugen, konnten in diesen

In der Zeit der Raunächte steht das Tor zur Anderswelt offen, bis es sich ab dem 6. Januar langsam wieder schließt.

Nächten zu Hexen werden. Junge Männer erbettelten Heugabeln schwingend und singend Krapfen von den Bäuerinnen, aber auch das liebe Vieh bekam geweihtes Gebäck. In den sog. Gebildbroten waren Segenssprüche und Fruchtbarkeitswünsche verankert, die guten Wünsche für das neue Jahr, die Seinsgrundlage der Bauern und aller, die von ihnen abhängig waren. Die Neujahrsbrezel ist noch heute ein Sinnbild dafür.

Um klar sehen zu können, wurde vielerorts auch gefastet. Die Macht jener Nächte schien so groß, dass man sich selbst durch das Verzichten zurücknehmen wollte. In den Raunächten sollte nicht gereist werden, man sollte bleiben, wo man war – gegenwärtig sein: hier und jetzt hinsehen, in Achtsamkeit das wahrnehmen, was da ist, frei von Urteil und Interpretation. Schließlich galt es ja auc, das Drehbuch für das kommende Jahr zu verfassen, eine neue und unberührte Seite im Buch des Lebens aufzuschlagen, um sich über dessen Gestaltung Gedanken zu machen. Das kann nur geschehen, wenn wir wissen, wo wir stehen – eine Art Bestandsaufnahme sozusagen.

EINE KOSTBARE ZEIT DER SELBSTREFLEXION

VERWANDLUNG UND ACHTSAMKEIT

Machen wir uns zunächst bewusst, wie dunkel es zur Zeit unserer Vorfahren um die Jahreszeit, in der die Raunächte liegen, tatsächlich war. Ganz ohne elektrisches Licht in den Wohnräumen und Stallungen, ohne Straßenbeleuchtung. Feuer oder kostbare Kerzen brannten damals nicht in jedem Raum. Manche Gehöfte standen zum Teil zig Kilometer von anderen entfernt. Die Umtriebigkeit des Sommers ist lange vorbei, das Einfahren der Ernte erledigt und der Aktionismus des Herbstes tritt zurück. Der Fokus lenkt sich auf das Selbst, das Jetzt und auf die unmittelbare Umgebung – die Familie und auf den Platz, an dem gelebt wird.

Die Ablenkung und Zerstreuung zur Freizeitgestaltung hat nicht viel mit dem gemein, was wir heute als selbstverständlich erachten. Dadurch ergab sich ganz natürlich eine Art der Innenschau, forciert durch die Dunkelheit der Nacht, die auch die eigenen Ängste aus den Tiefen des Unterbewusstseins an die Oberfläche befördert. Heutzutage werden diese Ängste gerne zerstreut oder weggedrückt, projiziert oder besänftigt. Sie werden dadurch aber nicht gelindert oder gelöst, sondern nur gedeckelt. Die Ängste treiben uns weiterhin um, agieren sogar ohne die wertvolle Instanz des Bewusstseins völlig autonom. Wir wissen schlicht nicht genau, was mit uns passiert, arrangieren uns mit dem, was wir bekommen können. Die Raunächte dienen dazu, versteckte Ängste aufzudecken, damals wie heute, um diese zu lösen. Das Übergehen von Angstgefühlen ist uns längst Alltag geworden. Wir richten uns bequem ein, obwohl wir noch immer ein Leben führen, das auf Ängsten oder Sorgen basiert, statt auf freier, wacher und damit kreativer Entscheidung. Angst kann uns warnen bei akuter Gefahr und uns dabei kompetent und handlungsfähig werden lassen, wie wir es uns vielleicht nie zugetraut hätten. Grundlegende und unterschwellig aktive Angst jedoch lähmt uns. Sie beraubt uns unseres Urteilsvermögens, unserer Klarheit, unserer Freiheit, der Authentizität und der Erfüllung dessen, was wir wirklich sind.

Wenn wir also eine Bereitwilligkeit entwickeln, wirklich hinzuschauen, was in unserem Inneren abläuft, können uns die Raunächte ein kostbares Zeitfenster anbieten. Traditionelle Räucherungen, aber auch die modernere Aromakunde nehmen uns bei der Hand.

Die alten Rituale, der Mythos selbst und die Geschichten sind wundervoll und zum Teil auch unterhaltsam. Man muss sich nicht rigide daran festhalten, damit die Raunächte in das heutige Leben integriert werden können. Wesentlich ist das, was in deinem Innersten wie ein Samenkorn auf fruchtbaren Boden fällt. Deine Hingabe, dein Herz, das dich nach Hause ruft. Das ist der Anteil in dir, der weiß, wo dich Angst regiert und wo du Pflästerchen aufklebst, statt wirklich zu heilen und dich zu deiner wahrhaftigen Größe aufzurichten. Wenn nicht länger die Umstände, sprich das Außen schuld ist, sondern du deine Eigenverantwortung annimmst, sind Erkenntnis und Wachstum möglich.

In der Dunkelheit des Winters lenkt sich der Fokus auf das Selbst.

Dieses kleine Büchlein möchte dir ein paar Wege, Ansätze der Reflexion und der gelebten Selbstliebe an die Hand geben – als Ideen für dein Leben und das kommende Jahr. Nichts davon ist in Stein gemeißelt. Schau, was dich anspricht oder inspiriert. Manche Themen sind längst erledigt, waren nie Thema für dich, andere triggern dich. Einige Übungen wirst du womöglich auch nach den Raunächten beibehalten.

Die Gebräuche oder Rituale der Raunächte sind regional recht verschieden. Einige findest du hier integriert, andere sind neu oder stammen aus dem Energetic Yoga (Yoga der Selbstreflexion) oder dem Energetic Clearing (Behandlungsform zur Lösung von emotionalen oder systemischen Blockaden im stofflichen Körper). Sie sollen dir Wege anbieten, die praktikabel sind. Es geht dabei nie um die Be- oder gar Abwertung, sondern immer um das Potenzial der Veränderung, der Wandlung zum Guten. Werte dich also auch selbst nicht ab, wenn du noch nicht dort stehst, wo du gerne wärst in deinem Leben. Anerkenne deine Bereitschaft wahrzunehmen und aufzuräumen, was dem noch im Wege steht. Das ist groß. Nicht selten erlebe ich Menschen, die gerne Veränderung initiieren möchten, aber nicht wissen, wie sie den Einstieg finden sollen. Die Raunächte sind eine wunderbare Möglichkeit.

Indem du Frieden in dir etablierst, bietest du der Welt Frieden an. Was für ein Geschenk. Es ist eine Zeit des inneren Großreinemachens, nicht zuletzt auch, um dich freizugeben für ein neues Jahr, eine neue Herangehensweise. Um aufzuräumen, müssen wir eine Bereitwilligkeit entwickeln, dorthin zu schauen, wo sich der »Dreck« befindet. Das ist in unseren bewohnten Räumlichkeiten nicht anders als in unserem Innersten. Die groß angelegten Vermeidungsstrategien sind dann nicht länger tragfähig. Ersatzbefriedigung fühlt sich hohl an, sie macht uns nicht satt. Irgendwann wird uns bewusst: Das Leben ist endlich. Ein guter Zeitpunkt ist daher das Jetzt – dies ist der einzige Moment der Kraft.

Wenn es im Außen ruhig wird, kommen die wesentlichen Dinge zum Vorschein. Höre in die Stille hinein und komme ganz bei dir an.

Erst wenn wir innerlich leer sind, kann das, was da ist, in seinen ganzen Dimensionen erfasst werden. Daher geht es nicht um das Tun, sondern um das Sein – in der Stille, um dieser zu lauschen. Erlaube dir nicht nur in dieser besonderen Zeit, jeden Tag Momente der Stille zu haben. Kein Sollen, kein Wollen, kein Hätten oder Müssen! Einfach Atmen und das erleben, was ist – frei von Urteil und Interpretation. Das ist viel verlangt. Wenn der rege Geist plappert, lass ihn plappern, aber entziehe ihm die Aufmerksamkeit und komme mit deiner Identifikation (dein Seins-Verständnis) in dein Herz, denn DAS bist du wirklich. Du entziehst deiner reinen Gedankenebene, aber auch den Emotionen die Aufmerksamkeit so weit, dass du dich fallen lassen kannst: in dein Sein. Nicht mehr und nicht weniger. Nicht vordergründig denken, sondern sein. Atme ein und sei da. Atme aus und sei da. Ein Gedanke kommt, aber du bleibst da – lässt dich nicht von ihm wegholen. Eine Emotion taucht auf, aber du fasst sie nicht an, du bleibst gegenwärtig.

Wir identifizieren uns gerne mit unseren Gedankenstrukturen und unserer Meinung. »Ich denke, also bin ich« könnte wundervoll ersetzt werden durch »Ich denke nicht, also bin ich«. Meinungen sind begrenzt, da sie unserem Geist und unserer Auffassungsgabe entspringen. Ebenso begrenzt sind Emotionen. Gefühle werden oft gleichgesetzt mit Intuition. Dies sind aber zwei ganz unterschiedliche Instanzen. Gefühle sind wankelmütig und im schlimmsten Falle verräterisch. Es passiert irgendetwas Kleines und wir fühlen uns kurzfristig toll. Gerne gepaart mit unserem Ego, das sich bestätigt sieht in seiner eigenen Meinung oder Wahrnehmung der Welt. Dann passiert irgendeine andere Kleinigkeit und wir fühlen uns den ganzen Tag mies, manchmal ohne zu wissen, warum. Emotionen sind käuflich. Intuition ist hingegen immer ein weit geöffneter und urteilsfreier Raum, der direkt an das große Ganze angeschlossen ist und aus dem Sein gespeist wird, nicht aus der Begrenzung der menschlichen Wahrnehmung oder deren Bedürftigkeit.

MODERNE SELBSTREFLEXION

Das differenzierte Betrachten der verschiedenen Instanzen deines Selbst ist ein wichtiger Aspekt der Selbstwahrnehmung. Welche Instanz in mir spricht und welcher Aspekt braucht was? Da gibt es das kleine Kind, das quengelt und das Gefühl hat, zu kurz zu kommen, im Mangel zu sein oder nicht gesehen zu werden. Dieses ruft ggf. auch Neid, Missgunst und Eifersucht auf den Plan. Dein inneres Kind hat die gleichen Mangelgefühle, die du als Kind fühltest. Nicht zu genügen, nicht ausreichend zu haben, nicht klug, nicht schön, nicht wie auch immer genug zu sein. Auch versucht es gerne, noch immer den Ansprüchen der Eltern gerecht zu werden oder gegen diese zu rebellieren. Der innere kleine Junge oder das kleine Mädchen braucht eine Heimat in dir. Es liebt es, Blödsinn zu machen, nährt deine Kreativität und erinnert dich an das, was du dir selbst als Kind versprochen hast. Sich als Erwachsener kleiner zu machen, als man ist, kann auch der Versuch sein, der Verantwortung zu entkommen.

Das »me first«-Ego eignet sich dafür, uns ein Dach über dem Kopf zu organisieren, Essen zu besorgen oder Kleider am Leib. Weniger kompetent ist diese »Arbeitskraft« jedoch in der Führungsposition deines gelebten Selbst. Wenn du dem Ego deine ganze »Company« überlässt, um bei dem Bild zu bleiben, hast du die Chefetage mit dafür inkompetenten Kräften ausgestattet. Dass dann die »Firma« nicht gut läuft, ist nicht verwunderlich. Ego kreiert Neid und das Be- und Verurteilen anderer, zudem liebt es Umstände, die Schuld sind. Ein offensichtlich aufgeplustertes Ego in Kombination mit der gelebten Angst eines Minderwertigkeitskomplexes ist immer auch ein Sich-größer-Machen bzw. Sich-über-andere-Stellen – sehr beliebt auch in der »spirituellen« Szene. Das Ego versucht gerne Unsicherheiten in die Hand zu nehmen, um kompetent zu wirken. Diese Instanz kann gigantische Ablenkungsmanöver z.B. des Erfolgs etablieren, damit ihm keiner auf die Schliche kommt. Aspekte unseres Charakters werden gefüttert von übernommenen, angstvollen Emotionen oder Gedankenkonstrukten, die wir aus der Kindheit kennen.

FORMEN DER SELBSTTÄUSCHUNG

Angst, die uns beschützen soll, leider aber auch oft das verhindert, was wir uns wirklich wünschen, zeigt sich in Form von Sorgen oder Unsicherheiten. Angst lässt sich in aller Regel zurückführen auf die Angst, sterblich zu sein, ausgelöscht werden zu können oder bedeutungslos zu sein. Angst vor Einsamkeit bringt Menschen dazu, abstruse Beziehungen einzugehen. Auch diffuse Angst vor dunklen Mächten, derer sich die Religionen mit einigem Erfolg bedienten, ist letztlich die Angst vor dem Tod, die Angst sich nicht erwehren zu können gegen was auch immer.

Es gibt auch als Liebe getarnte Deals. Doch Liebe an sich ist wertfrei und will nichts, da sie in sich bereits erfüllt ist. Deals sind begrenzte Zuwendungen, die an Bedingungen geknüpft sind: »Ich liebe dich, wenn« oder »ich liebe dich, weil«. Diese eingebildete »Liebe« empfinden wir, weil die eigenen Bedürfnisse erfüllt werden oder das Selbstbild bestätigt wird. Dem inneren Kind fehlt das wertfreie Geliebtwerden um seiner selbst willen und nicht, weil es z. B. brav, anders, still oder kreativ ist. Sich verlieben ist oftmals die eigene Interpretation dessen, was man gerne sehen möchte. Die »Ent-täusch-ung«, also von der selbst kreierten Täuschung befreit zu werden, findet dann mit bitterer Ernüchterung statt.

Aktionismus und auch Aufopferung sind wundervolle Muster, denen kaum jemand auf die Schliche kommt. Im Gegenteil, wir werden gesellschaftlich gelobt für unsere Leistung, unser Engagement. Wenn solche Muster zugrunde liegen, gehst du dafür bis zum Burnout, um dir so eine Daseinsberechtigung zu schaffen. »Schau, ich habe alles gegeben, ich habe Pluspunkte auf dem Karmakonto.« Nützlich sein bringt immer Menschen mit auf den Plan, die das entweder honorieren oder ausnutzen wollen. Es werden Personen auftauchen, die sich bewusst oder unbewusst von dir tragen lassen wollen (energetisch, emotional oder finanziell). Wenn du versuchst, all diesen Anliegen gerecht zu werden, kann dein eigenes Leben regelrecht an dir vorbeiziehen. Die Frage »Wer bin ich und was will ich wirklich?« stellt sich einfach nicht, weil du schlichtweg keine Zeit dazu hast. Du bist immer busy, versuchst es allen Menschen recht zu machen.

Phlegma oder Lethargie hingegen sind der Versuch, sich herauszunehmen aus Verantwortlichkeiten. Das wird dir sicherlich schneller vorgeworfen als zu geben, aber es ist ebenso ein Muster, dich dem Leben in all seinen Facetten zu entziehen. Nicht da sein heißt nicht verantwortlich gemacht werden zu können. Depressionen haben den gleichen Ansatz, nämlich der Präsenz und damit dem Leben mit all seinen Ansprüchen zu entkommen. Wer nicht da ist, kann schließlich nicht schuld sein.

Kontrolle ist ein Versuch, der Angst und der zugrunde liegenden Ohnmacht zu begegnen. Auch der oben erwähnte Aktionismus kann eine Form der Kontrolle sein, denn dann habe ich die Fäden in der Hand, es wird das gemacht, was ich sage. Jede Art von Zwanghaftigkeit ist Kontrolle. Rigidität und Festhalten an bekannten Konventionen ist Kontrolle für einen selbst, aber auch über andere.

Ablenkung und Sucht sind Verschleierungstechniken, die uns davon abhalten sollen, das zu spüren, was unbequem ist oder wehtut. Drogen und Rausch sind offensichtlich nebulös und das Erleben soll das fehlende Spektakuläre, das Bedeutungsvolle im eigenen Leben ersetzen. Auch Fernsehen, PC-Spiele und Internet, Essen, Drogen, Shoppen, politische oder spirituelle Themen, sogar Reisen, Workshop-Hopping, Sex und ganze Beziehungskonstrukte können der groß angelegten Ablenkung dienen. Krankheit kann auch ein gutes Versteck sein bzw. eine weitere Möglichkeit, Fürsorge und Beachtung einzufordern.

Die Raunächte können genutzt werden, um verschiedenen Facetten der Selbsttäuschung und Angst zu begegnen. Nichts löst sich von alleine auf oder durch ambitioniertes Wegsehen. Wenn du sagst: Jetzt darf Transformation stattfinden. Ich möchte die Dinge aus dem Weg räumen, die mich hindern, der Mensch zu sein, der ich im Grunde meines Herzens wirklich bin. Wenn du bereit bist hinzusehen, sind die Raunächte perfekt für dich.

WAS DIE RAUNÄCHTE UNS HEUTE LEHREN

Als langjährig praktizierende Yogini und Kräuterkundige hat sich die Kombination historischer Ritualgrundlagen mit moderner Selbstreflexion und entsprechenden Körperübungen in zahlreichen meiner Seminare als äußerst wirkungsvoll herausgestellt. Wir öffnen das Herz und damit das wahrhafte Sehen. Wir erkennen, wo wir stehen und ob das so (noch) stimmig für uns ist. Die Adaption der historischen Ansätze in die moderne Zeit hilft uns in unserer oberflächlichen Schnelllebigkeit wieder genauer hinzusehen, in Achtsamkeit uns und unsere Umwelt zu betrachten – wobei wir dann nicht nur uns selbst näherkommen, sondern damit auch unserem Umfeld Gutes tun. Wenn wir Verbündete aus der Pflanzenwelt einladen, können Prozesse beschleunigt werden, Emotionen beruhigt oder aktiviert werden. Zusätzlich unterstützen uns die ätherischen Öle und Übungen sinnvoll und helfen sowohl auf körperlicher als auch mentaler Ebene bei unserem Transformationsprozess.

Das Körpergefühl verändert sich zunehmend. Im Körper fixierte Schatten in Form von Anspannungen und Blockaden lösen sich mit auf – was es kostbar macht, diesen mit einzubeziehen. Manche Aspekte sind therapeutisch sinnvoll, andere wirken eher rituell. In einem Ritual etablierst du das, was du dir wünschst, indem du dich dem ganz widmest. Man könnte jetzt profan sagen »Aber dazu musst du ja dran glauben« und ja, genau so ist es. Erlaube dir, an das zu glauben, was du sehen und wünschen kannst, damit es sich manifestieren kann. Dinge, die du bereits sehen, ahnen oder visualisieren kannst, lassen sich in der Regel verwirklichen. Es ist ein Wandeln auf Messers Schneide, bereitwillig hinzusehen, was wahrhafter Erfüllung noch im Wege steht. Was beachtet werden möchte, was noch im Wege steht, damit du etablieren kannst, was du dir ersehnst. Es geht also nicht darum, dir Dinge schönzureden, sondern hinzusehen, wahrzunehmen was ist, um handlungsfähig und selbstbestimmt zu entscheiden, ob es das ist, was du wirklich willst. Erst dann beginnt der Wandel. Lass es sich offenbaren. Ein Ritual ist also nichts anderes als eine visuell und emotional begleitete Unterstützung deiner bewusst getroffenen Entscheidung. Wenn man vordergründig angstfixiert ist, werden die Entscheidungen auf dieser Grundlage getroffen. Wenn wir vermeiden, verdrängen, nicht hinsehen wollen, was läuft – was im Übrigen menschlich ist –, dann regieren diese Machenschaften irgendwann völlig autonom. Wir haben die Fäden dann nicht mehr in der Hand, sondern sind in Re-Aktionsmustern gefangen, nicht in lebendiger Aktion eines selbstbestimmten Lebens. Wenn wir Verantwortung aus der Hand geben, nicht verantwortlich und damit womöglich schuld an irgendetwas sein wollen, sind es nicht wir, die handeln. Und wir müssen uns nicht wundern, wenn die Dinge anders laufen als erhofft. Wenn das Ego uns regiert, ist das, was geschieht, per se begrenzt, da das Ego begrenzt ist. Es erleichtert zu erfahren, dass Angst oder negative Emotionen nur Aspekte sind und nicht den ganzen Menschen ausmachen. Dass wir das erschaffen, was die Realität ausmacht: unsere eigene und die unseres Umfeldes. Die Raunächte sind ein gelebtes Symbol dafür, dass wir nicht Gefangene unseres Schicksals sind, sondern wandelbare und kreative Mitschöpfer.

Der Zauber des Anfangs

Nimm dir genug Zeit für die Vorbereitung deiner Raunächte und stimme dich mit den passenden Räucherungen, Ritualen und einem Sonnwendfeuer auf die Innenschau ein.

VORBEREITEN DER RAUNÄCHTE

In den Raunächten vermutete man, dass ganz besondere Kräfte und die Geister auf der »Umfluhr« waren. Hier galt es besonders gut achtzugeben, manche zu beschwichtigen, andere zu vertreiben und manchen (Ängsten) ins Gesicht zu sehen. In den meisten Fällen beginnen die Raunächte ab dem 25. Dezember und reichen bis zum 6. Januar. Es gibt aber auch hervorgehobene Nächte, die von besonderer energetischer Wichtigkeit waren wie die Thomas- oder Wintersonnwendnacht vom 21. auf den 22. Dezember sowie weitere vorbereitende Nächte, die in diesem Kapitel zur Einstimmung genannt werden.

Innenschau zu betreiben war in dieser finsteren Zeit ein so mächtiger Brauch, dass die Kirche Aspekte daraus bewahren musste, obwohl es dieser Institution nicht ganz geheuer war. Man musste sich vor den undurchsichtigen Energien des Übergangs schützen, etwa »indem man sich verbirgt hinter undurchdringlichem Weihrauch«, so der Brauchtumsexperte Manfred Becker-Huberti.

Im Vorfeld musste das ganze Haus bzw. das ganze Gehöft gereinigt werden. Der Garten sollte in Ordnung sein, womit dabei eher in Ruhe gemeint ist, sodass Mensch und Natur auch die Tiere sich gut erholen können. Das heißt nicht, dass heute der Garten piekfein vom Laub befreit werden muss, sondern vielmehr, dass es ausreichend Mulchdecken und loses Geäst geben sollte, in denen Tiere eine Zuflucht finden. Gartengerätschaften sollten aufgeräumt werden, damit sich die „Wilde Jagd“ nicht an spitzen Gegenständen verletzt. Die Raunächte sind auch symbolträchtig im gelebten Miteinander mit den Kräften der Natur. Jeder sollte seinen Platz haben und sich wohlfühlen können. Heute jedoch verliert sich die Verbindung oftmals: Die zum Boden hin isolierten (Stein- und Rindenmulch-)Gärten der Moderne zeigen, wie abgekapselt wir uns von der Natur empfinden. Wir schirmen uns von dieser sogar soweit ab, dass Städte jetzt finanzielle Anreize bieten müssen, diese verbauten Siedlungsgärten wieder zur renaturieren. Vögel und Insekten finden nichts Verwertbares mehr zu fressen. Was braucht es: Pflanze, Vogelfutter, lass saattragende Pflanzen stehen, gerne auch auf deinem Balkon. Lass den Igeln Geäst liegen oder baue ein hübsches Haus. Wenn du Platz dafür hast, informiere dich ggf. über wirklich sinnvolle Nisthilfen. Es bedeutet großes Glück, wenn dann im Frühjahr Schwalben an deinem eigenen Hof nisten. Schwalbennester, so hieß es, schützen das Haus vor Blitzschlag, Feuer, Räubern oder Unglück. Schwalbenkot wurde sogar im Liebeszauber eingesetzt, und ja, auch als Schönheitsmittel ... Die Heilige Hildegard von Bingen besagte, wer durch das »Fressen und Saufen aussätzig wird«, solle mischen: Schwalbenkot, Klette, Storchenfett und Schwefel, um diesem zu begegnen.

Haus und Hof sollten also im besten Falle bis zum Beginn der Raunächte, allerspätestens jedoch bis zum Beginn des neuen Jahres am 6. Januar sauber und einladend sein. Auf keinen Fall durften die jungen Mädchen die Wäsche aufhängen oder sich zur Nacht nach draußen begeben. Es durfte nicht gesponnen und nicht kardiert werden. Aber auch die Räder im Kopf sollten jetzt einmal ruhen. Heute bedeutet das Wege zu finden, um dem Im-Kreise-Denken Ruhe zu schenken, zur Ruhe zu kommen und Inspiration für das wirklich Wichtige aufsteigen zu lassen.

DIE BLÜHENDE LEBENSRUTE

Am 4. Dezember wurde der Barbarazweig, ein Obstbaum- oder Haselnuss-, Holunder- oder Birken-Ast geschnitten, der zum Heiligen Abend Blüten tragen sollte. Wenn diese »Lebensrute«, wie sie in vielen Kulturen seit dem 13. Jahrhundert bekannt ist, aufblüht, verspricht sie Glück im kommenden Jahr. Im Kleid der Märtyrerin Barbara soll sich auf dem Weg zum Verlies ein Zweig verfangen haben, den sie anschließend mit Wasser versorgte. Am Tag der Hinrichtung soll er Blüten getragen haben. Der Barbaratag am 4. Dezember eignet sich für den Schnitt des Zweiges, damit dieser bis Weihnachten erblüht. Du kannst dafür z. B. Apfel-, Birnen- oder Pflaumenzweige sowie die Kornel- oder eine Zierkirsche verwenden. Schön ist der Brauch, wenn du Äste aufstellst, die sowieso geschnitten wurden, z. B. Zweige, die du auf einem Häckselplatz finden konntest.

In manchen Gegenden gab es sogar Weihnachtsmaien, das heißt, es wurden ganze Büsche ins Haus geholt, die ähnlich dem Weihnachtsbaum mit goldenen Nüssen und Äpfelchen geschmückt wurden, um dann zu Weihnachten Blüte zu tragen. Der Bayreuther Markgraf verbot dies, damit die Obstbäume nicht über Gebühr durch wilden Schnitt strapaziert wurden, denn ein solcher Barbarabaum konnte durchaus die ganze Stube einnehmen, da viel Blüte viel Glück versprach.

WAS BENÖTIGE ICH?

Bereite alles vor, was du für deine Raunächte benötigst, sodass du dich ganz auf den Prozess der Innenschau einlassen kannst.

Sinnvoll ist, ein Raunächtetagebuch zu führen sowie Stifte und ggf. Zeichen- oder Malmaterial deiner Wahl bereitzuhalten. Du benötigst auch ein paar lose Papiere, die du zuvor zurechtschneiden kannst. Bei Bedarf liest du die Rezepte für die folgenden Nächte zuvor durch, falls du Dinge herstellen möchtest, wie das Schlummerspray oder das Vogelfutter, damit du alles im Haus hast und deinen Fokus ganz auf dich und nicht auf die Außenwelt richten musst. Wenn du gerne eine oder mehrere Räucherungen durchführen möchtest, wäre mindestens eine Sorte Räucherwerk nützlich sowie eine feuerfeste Räucherschale inkl. Sieb oder Räucherkohle deiner Wahl (Kriterien vgl. S. 114). Wenn du nur einmal räuchern möchtest, verwende einfach eine entsprechende Mischung.

RAUNÄCHTE-WUNSCHKONZERT

Überlege dir bis zu zwölf Wünsche für das kommende Jahr und dein weiteres Leben. Wo willst du hin und was brauchst du, um darin unterstützt zu werden? Formuliere diese Wünsche kurz und prägnant und immer positiv – gerade so, als ob sie bereits erfüllt wären. Die Kraft des Unterbewussten arbeitet gezielt und mit dem aktuell zugrunde liegenden Gefühl. Wenn du also wünschst »Ich werde gesund«, dann liegt das in der Zukunft und die Wunscherfüllung wird auch nicht jetzt, sondern vielleicht irgendwann mal sein. Wenn du formulierst »Ich bin gesund«, ist es das, was jetzt möglich und wünschenswert ist und der Wunsch bekommt

REZEPT – RAUNÄCHTE-TEE

- 1 Teil Himbeerblätter
- 1 Teil Melissenblätter
- 1 Teil Brombeerblätter
- 1 Teil Hagebuttenfrucht

Dieser nährende Tee ist auch für Kinder und in der Schwangerschaft geeignet. 1 TL pro Tasse 6 Minuten bedeckt ziehen lassen.

entsprechenden Nachdruck und damit die Kraft zur Erfüllung. Reflektiere aber immer auch, was du selbst dazu tun kannst. Vielleicht bedeutet das in diesem Falle, deine Ernährung umzustellen oder früher zu Bett zu gehen. Der Satz »Hilf dir selbst, dann hilft dir Gott« trifft das gut. Nur sitzen und hoffen reicht nicht. Tiefes Vertrauen hingegen schon. Je mehr du deine Wünsche so fühlen kannst, als wären sie bereits erfüllt, desto eher hat dein Unterbewusstsein eine Arbeitsrichtung – es ist wie ein Wegweiser dorthin. Reduziere wichtige Wünsche auf die Essenz und nimm dir die Zeit, diese jeden Abend während der Raunächte als bereits erfüllt zu fühlen. Dabei kann es durchaus sein, dass sich deine Wünsche verändern. Vielleicht erkennst du, dass etwas anderes den Wunsch auslöste, was viel tiefer liegt, oder dem Ganzen etwas vorausgeht, was zuvor Raum benötigt. Manch ein Wunsch ist auch plötzlich nicht mehr wichtig, da wir uns wandeln. Und das ist gut so.

In manchen Regionen durfte man vorbereitend zwölf Wünsche auf kleine Zettel aufschreiben. Diese wurden alle auf die gleiche Art gefaltet, dass der Inhalt nicht zu lesen war und anschließend in ein Glas gegeben. Aus diesem Glas wurde in jeder Raunacht ein Wunsch gezogen und unbesehen verbrannt, damit sich Kräfte darum kümmern mögen, die größer sind, als es der menschliche Geist je sein könnte. Der zuletzt verbleibende Wunsch jedoch war derjenige, um dessen Erfüllung sich der betreffende selbst zu kümmern hatte.

GEGENWÄRTIGKEIT SPÜREN – 21. AUF 22. DEZEMBER

ANNEHMEN, WAS DA IST

Die Thomasnacht, auch Wintersonnenwende, Alban Arthuan oder Mütternacht genannt, steht ganz im Zeichen der Gegenwärtigkeit. Frage dich selbst: »Was ist gerade?«. Spüre hin, was aus sich selbst heraus da ist, frei von Urteil und Interpretation. Du darfst dir Mühelosigkeit erlauben und bei dir selbst ankommen. Denn an diesem ersten vorbereitenden Tag mit der längsten Nacht des Jahres geht es darum, sich über den Ist-Zustand klar zu werden. Das Licht hereinzulassen, um sehen zu können: Was ist klar und kraftvoll, strahlend und rein in meinem Leben, wo fehlt vielleicht noch Licht und Leichtigkeit? Erlaube dir loszulassen, was nicht dem Fluss des Lebens entspricht: alle rigiden, starren Strukturen, den Schmerz, das Festhalten. Erkenne das, um loslassen zu können und um damit der Fülle und der Freude Raum anbieten zu können. Aber es geht auch um das Anerkennen dessen, was du hast, was bereits da ist. Nichts ist selbstverständlich.

Was hat das Jahr dir an Freude und Erfahrungen gebracht, was hast du lernen, was umsetzen dürfen, welche Begegnungen waren kraftvoll und bereichernd? Nimm wahr und nimm an, was da ist, auch wenn es vielleicht ein schweres oder anstrengendes Jahr war. Wir verschenken so viel Kraft, indem wir uns krampfhaft dagegen wehren hinzusehen. Setze diese Energie frei, indem du annimmst, was sowieso schon da ist. Das zugrundeliegende Thema läuft ja unterschwellig in deinem Unterbewusstsein weiter, wenn du es also ins Bewusstsein holst, kannst du es bei Licht betrachten. Erlaube dir, mit dir selbst fein und freundlich zu sein in diesem Prozess der Selbstwahrnehmung. Themen werden aus sich selbst heraus leichter, wenn wir nicht urteilen. Wir müssen uns nicht runterputzen oder schlecht machen, uns selbst ein Bein stellen – es reicht, wenn wir die Bereitwilligkeit entwickeln, wirklich hinzusehen und ehrlich mit uns selbst und mit anderen zu sein. Es ist, was es ist. Wahrhaftiges Hinsehen ist der erste Schritt zur Transformation und kann sehr befreiend wirken.

RITUAL – WANDEL DURCH FEUER

Mit dem bewusst gestalteten Sonnwendfeuer, das du in einer Gruppe, aber auch alleine zu Hause im Kleinen entzünden und zelebrieren kannst, erfährst du die Kraft des Elementes Feuer in seinem Potenzial zur Veränderung und Transformation. Nimm dir den Tag über Zeit zu reflektieren, ohne dabei in eine Selbstverurteilung zu verfallen, – einfach um dir wie beim Aufräumen klar zu werden, was weggegeben werden kann, damit Raum für Neues entsteht. Notiere dir diese Aspekte auf kleinen Zetteln, wenn du magst. Verbrenne sie dann am Abend nach einer Räucherung mit Salbei (vgl. S. 56) für zentriertes Tun. Lass los, was du nicht länger benötigst, was dir nicht dient oder was womöglich krampfhaft festgehalten wurde. Lass los, was dich einengt. Feuer wandelt und bietet in der Asche neuen Nährboden, reduziert auf das Wesentliche, weshalb wir es auch so lieben, am Feuer zu sitzen. Dann kannst du absichtslos und ohne jede Show um das Feuer tanzen in deiner neu belebten Freiheit und Gegenwärtigkeit, einfach um dich zu spüren. Wer nicht tanzen kann oder will, macht das meditativ. Wer kein Feuer entfachen kann, kann mit der Vorstellungsgabe arbeiten und ein Sonnwendfeuer visualisieren. Heute kannst du auch mit einem Reisigbesen (oder natürlich einem anderen) alles Alte wegfegen, den Kehraus in Haus und Hof machen. Tue dies mit einer Intention der Selbstbestimmtheit – du bist nicht Opfer der Umstände, sondern wandelbar ab dem Moment, in dem es dir bewusst wird.

Wenn du medizinisch, therapeutisch oder anderweitig heilkundig tätig bist, kannst du heute deine Räume und Werkzeuge reinigen und energetisch aufladen, indem du sie mit Salzwasser putzt und danach mit Myrrhe räucherst.

Tanze zu den flammenden Funken des Sonnwendfeuers und spüre die Kraft und Energie des Elementes.

FRIEDEN LEBEN UND SCHENKEN – 22. AUF 23. DEZEMBER

Sei sanft zu dir und anderen und schenke dem Frieden einen heiligen Raum.

ERFAHRE FRIEDEN ALS HEILIGEN RAUM

In dieser Nacht darfst du den Frieden nähren, Abschied nehmen und in die Stille gehen. Es geht darum, Berührbarkeit zuzulassen, deine Sanftheit zu leben und demütig und hingebungsvoll zu sein. Frage dich selbst: »Bin ich in Frieden?«, »Kann ich mir selbst und der Welt Frieden anbieten?«

Erfahre den inneren Frieden in dir als heiligen Raum. Biete dir selbst und damit auch der Welt um dich herum Frieden an, indem du einfach den Krieg beendest. Du bist ein Geschenk für die Menschheit, wenn du selbst in Frieden bist. In deinen Gedanken, in deinen Empfindungen und mit all deinem Tun und Sein. Selbst wenn andere Menschen mit ihrer unerlösten Intention auf dich zukommen und dir ihren Spielball zuwerfen. Wenn sie dich also als Projektionsfläche für ihre eigenen Sichtweisen sehen oder dich sogar triggern. Du musst diesen »Spielball« der anderen nicht annehmen, dich nicht ereifern, dich nicht involvieren. Lass es vorbeiziehen, bleibe ruhig. Es ist nicht dein Spielball. Wenn du ihn jedoch fängst oder gar mit deinen Themen und Reaktionsmustern gefärbt zurückwirfst, machst du das zu deiner Angelegenheit. Wo bist du noch nicht in Frieden oder gefährdet, aus demselben zu fallen? Wann ist es angebracht, dich einzubringen, sprich dem deine Energie zu geben, um befruchtend und positiv zu wirken, und wann ist Einmischung schlicht Verschwendung von Energie? Höre genau in dich hinein und versuche, diese Fragen für dich zu klären.

DAS RAD STEHT STILL

Kein Rad sollte sich drehen – alles sollte stille stehen. Das Rad ist auch ein Sinnbild der Arbeit, des Tuns, der linearen Bewegung. Es ist das Gegenteil zur Stille, dem Nicht-Tun. Du würdest im Sein verhaftet bleiben. Keine Wäsche sollte gewaschen werden, keine Ausfuhr mit den Tieren, kein Pflügen oder Eggen, alles sollte nach innen blicken und zur Ruhe kommen. Das Wesentliche in der Stille zu erkennen ist in vielen Kulturen ein essenzieller Teil der meditativen Religionspraktiken oder Meditationstechniken. Erst wenn das Außen zur Ruhe kommt, ist der unruhige Geist geneigt, sich der Kontemplation hinzugeben. Welche Räder drehen sich bei dir? Innen und außen? Moderne Räder sind neben Fahrzeugen natürlich auch CD-Spieler oder Netzwerke an sich – wie wäre es mit Medienfasten?

RITUAL – LASS ALTEN GROLL LOS

Beginne mit einem langen Spaziergang zur Selbstreflexion in einer Gegend, die dir gut gefällt, in der du dich wohl und ungestört fühlst. Nimm dann bewusst war, was in dir noch nicht in Frieden ist und reflektiere, ob es dir möglich ist, der Situation deinen Frieden anzubieten oder ob es zuvor noch etwas anderes bräuchte. Nimm wahr, ob du an alter Wut oder an Groll festhältst. Warum? Warum hast du Wut in dir, alten Groll, ist dein Zorn selbstgerecht? Erlaube dir, dich von kleinmütigen Gefühlen wie Negativität, Egoismus, Neid, Missgunst, Eifersucht, Rachsucht und anderen negativen Gefühlen zu befreien. Vielleicht magst du dich dazu an einen Baum setzen oder stellen und darüber resümieren.

Sei ehrlich zu dir selbst. Wieso sollten andere es sein, wenn du es nicht zu dir selbst bist. Wenn es für dich stimmig ist, suche dir dann eine Lichtung oder einen anderen hellen Platz auf deinem Weg, recke die Arme gen Himmel und biete der Welt mit geschlossenen Augen deinen Frieden an. Atme Licht ein und Licht über alle Poren deiner Haut aus. Sei ein Geschenk für diese Welt. Fühle dich als solches und am Abend zu Hause schreibe in dein (Raunacht-)Tagebuch, wie du ein solches sein kannst. Was sind deine Gaben, was liebst du, was kannst du wirklich und was bleibt, wenn du gehst?

VISIONEN UND TRÄUMEN RAUM GEBEN – 23. AUF 24. DEZEMBER

VISUALISIERE DEINE TRÄUME

Die Nacht vor Heiligabend lädt dich zur inneren Reise ein und hilft dir, deine Träume und Visionen zu ergründen: Achte auf deine Gedanken, da sie Wirklichkeit schaffen, und auf deine Gefühle, da sie ein Abbild deiner Gedanken sind. Nimm deine Träume wachsam wahr, denn dein Innenleben spricht hier zu dir. Erlaube dir, nach innen zu blicken und deiner Seele zu lauschen; zu ergründen, was wesentlich ist.

Du darfst heute auch kreativ wünschen – die zwölf Raunächte entsprechen zwölf Wünschen für das kommende Jahr, in manchen Regionen waren es auch nur elf Raunächte, also standen auch nur elf Wünsche zur Verfügung. Wünsche klug, es könnte in Erfüllung gehen! Erkunde, was deine Träume dir sagen wollen – sowohl die der Nacht als auch die des Tages, ganz besonders aber die deines Lebens. Sie sind wie Wegweiser deines Seelen-Selbst auf dem Weg zur Erfüllung.

TRAUMDEUTUNG ALS VORAUSSCHAU

Da der Heilige Abend in manchen Regionen ein Fastentag war, gab es am 23. Dezember oft üppige Mahlzeiten oder das klassische Gans-Essen. Man musste nur achtgeben, sich nicht zu sehr der Völlerei hinzugeben, sonst kam auch gerne der Albdruck, der für böse Albträume zuständig war. Er setzte sich auf die Brust und machte dieselbe eng, nahm den Atem. Es hieß, die Träume in diesen Nächten gingen in Erfüllung. Mancherorts wurde dies sogar derart spezifiziert, dass für jeden einzelnen Traum in den zwölf Raunächten die zwölf Monate sinnbildlich in Zuordnung standen (die erste Raunacht entspricht dem Januar, die zweite dem Februar usw.). So waren die Träume der Raunächte auch eine Form der Vorausschau auf das kommende Jahr. Sie waren in jeder Hinsicht wesentlich und wurden zum Teil im Familienkreis gedeutet, um für wichtige Ereignisse gewappnet zu sein.

Träume können wichtige Botschaften enthalten. Höre genau hin und wenn du magst, notiere bedeutsame Träume in ein Traumtagebuch.

RITUAL – FINDE RUHE

Beginne spätestens heute mit deinem Traumtagebuch und notiere dir deine Nachtträume, aber auch Visionen für deinen Lebensweg. Nimm wahr, was noch unerfüllt ist, um eine Art Bestandsaufnahme zu erstellen. Bevor du zu Bett gehst, meditiere und erlaube deinem Geist ganz ruhig zu werden, damit du als reines Gefäß empfänglich für die Botschaften deines Unterbewusstseins wirst.

Trinke in den Raunächten daher auch keinen Alkohol und iss nicht mehr spät am Abend, sodass du nicht von körperlichen Aktivitäten abgelenkt wirst. Schaue kein Fernsehen, blicke nicht in den Rechner oder auf das Handy. Das Blaulicht der Bildschirme steht der Melatoninbildung kontraproduktiv entgegen. Wenn du magst, räuchere zuvor dein Schlafzimmer oder verwende das Traumbild verstärkende ätherische Öle aus Anis oder Basilikum, um diesen heiligen Raum zu weihen.

Erlaube dir zu spüren, was in deinem Unterbewusstsein aktiv ist. Du kannst dann noch immer entscheiden, was du damit machst, wenn diese Traumbilder in dein Alltagsbewusstsein aufsteigen durften. Wahrnehmen, annehmen, transformieren und/oder loslassen. Sobald sie an der Oberfläche sind, kannst du sie auf Praktikabilität überprüfen und alltagstauglich werden lassen.

Aber zunächst gilt es, diesen überhaupt erst einmal Raum zu geben, in der Fülle und der Flut deines sonstigen Aktionismus und des Funktionierens. Eine von Albträumen geplagte Teilnehmerin fragte einst, ob ihre Träume in Erfüllung gehen würden, da sie etwas darüber gelesen hatte. Natürlich sind Traumbilder eine Form des Ausdrucks deines Unterbewussten und daher weder eins zu eins zu verstehen noch mit Traumdeutungsbüchern zu pauschalisieren. Was schwingt in dir nach, wenn du deine eigenen Träume betrachtest? Was wirkt in deinem Alltag so, dass du nachts schlecht träumst? Wenn das ständig der Fall ist, erwäge deine Schlafstätte umzustellen, lass weder Laptop noch Handy im Schlafzimmer liegen. Finde angenehme Wege, ganz zur Ruhe zu kommen – z. B. durch einen Spaziergang, ein Lavendelbad oder ein geeignetes Yogaset, bevor du dein persönliches Einschlafritual beginnst.

REZEPT – GEWÜRZ-GEBILDBROT

- 400 g Dinkelvollkornmehl – am besten frisch gemahlen
- 100 g Buchweizenmehl, wenn vorhanden – sonst mit Dinkelmehl ersetzen
- 100 g Leinsamen
- 50 g Sonnenblumenkerne
- ca. 300 ml lauwarmes Wasser
- 1 Würfel frische Hefe
- 1 bis 2 TL Salz (auf Wunsch ggf. das aromatische Kala-Namak-Salz aus dem Bioladen)
- 1 TL Apfelessig
- Bis zu 1 TL Kümmel, Anis, Fenchelsamen
- Je 1 Msp. Gewürznelke, Kreuzkümmel, Muskat oder Macisblüte und ein Hauch Zimt – am besten jeweils ganz frisch gemahlen

Die Hefe im angewärmten Wasser lösen. Dann die restlichen Zutaten zugeben und mit den Händen oder einem Knethaken zu einem Teig verarbeiten. Eine Kastenform fetten oder mit Backpapier auslegen. Jetzt den Teig ca. 1 Stunde bei Zimmerwärme ruhen lassen. Danach erst auf der Oberfläche eine Figur mit feuchten Fingern ausformen oder mit dem Messer einritzen. Ungeübte machen einfach ein Kreuzmuster. Die Konturen ruhig übertreiben, da diese wieder etwas zurückgehen beim Ruhen und Backen. Man kann z. B. die Haare der Figur mit Kümmel andeuten oder mit Curcuma färben. Dann in der Form in den kalten Backofen geben und bei 200 °C ca. eine Stunde auf der mittleren Schiene backen.

DIE SYMBOLIK DER GEBILDBÄCKEREI

Der Brauch, Weihnachtsplätzchen zu backen, geht auf die Gebildbäckerei zurück, die wir z. B. von Neujahrsbrezeln kennen. Gebilde sind traditionelle Symbole einer Wunschsprache: Runde Kekse stehen für die Sonne oder auch für Reichtum. Fische stehen für das mühelose Bewegen und Vorankommen. Sterne deuten auf die universelle Anbindung hin, florale Muster auf Fruchtbarkeit und lebensspendende Kräfte. Das Gebild-Früchtebrot zu Weihnachten heißt in Bayern und im Salzburger Land Kletzenbrot und meint ein nahrhaftes, sauerteigbasiertes Früchtebrot, das vorwiegend den Kindern geschenkt wurde, um die weihnachtliche Vorfreude zu mehren. Vitamine der Sommer- und Herbstfrüchte wurden so in den Winter gerettet und das leckere Süß war eine beliebte Nascherei zum Festtag. Zu Allerseelen wurden Hirsche oder »Allerseelenstriezel« frei Hand geformt, daher bekommt man noch heute eine »Seele« beim Bäcker.

LIEBE WAHRNEHMEN UND ZULASSEN – 24. AUF 25. DEZEMBER

SCHENKE DEINE LIEBE

Weihnachten ist das Lichtfest, wird aber auch die Nacht der Mütter, die Christnacht oder Mettennacht genannt. Allen voran ist es jedoch das Fest der Liebe. Frage dich selbst: »Wen oder was liebe ich wirklich?«

Spüre hin: Fühlst du dich selbst wirklich geliebt und gesehen? Welches Licht brennt in dir – wie teilst du dieses mit anderen? Die Fülle, die dir in deinem Leben zuteil wurde, möchte jetzt zelebriert und geteilt werden. Teile deine Herzensfreude, schenke und gebe, sei freizügig mit der Kraft deiner Liebe, denn die Liebe mehrt sich, je mehr du davon gibst.

Nimm die Geschenke des Lebens in tiefer, nährender Dankbarkeit an, denn nichts davon ist selbstverständlich, weshalb es auch wunderbar ist, denjenigen etwas zukommen zu lassen, die weniger haben. Such dir wirklich gute und sinnvolle Spendenprojekte oder organisiere selbst etwas. Erlaube dir auch zu erkennen, wo Bedürftigkeit besteht und schenke dem deine Bereitwilligkeit zu handeln, wo du es vermagst. Du kannst nicht die Welt retten, aber du kannst einen Aspekt angehen, dem du Kraft und Aufmerksamkeit gibst. Jeder einzelne Aspekt ist ein Teil des Ganzen und daher kostbar.

HEXENNACHT UND HABERGEISS

In der Weihnachtsnacht heißt es, die Tiere können mit uns kommunizieren, weshalb ihnen in dieser Nacht auch besondere Aufmerksamkeit zuteil wurde. Traditionell war auch das Stall(be)gehen mit rituellem Räucherwerk. Wer dies unterließ, konnte mit seltsamem Besuch rechnen: die rauen Manderln, besagte Hexen oder die Percht mit ihrer Wilden Jagd (eine Inkarnation bzw. der heimische Aspekt der Göttin Kali). Der »Habergeiß« – eine Schrecken und Albträume verbreitende Mischung aus Bock und Ziege-, männlich und weiblich in einem, konnte auch auftauchen. Eine Räucherung diente also nicht nur der Reinigung, sondern auch dem

REZEPT – VOGELFUTTER SELBST GEMACHT

Bereite das Vogelfutter im Winter zu. Es eignet sich Pflanzenfett oder auch Rindertalg. Dieses in einem Topf erwärmen, bis es schmilzt. Dann hinzugeben: klein gehackte Nüsse und Sonnenblumenkerne, Hirse, Mais, Bucheckern, Walnüsse, Erdnüsse, Samen von Hanf, Brennnesseln, Ampferarten, Distelarten, Gräsern oder Kletten und Beeren wie getrocknete Holunderbeeren oder Ebereschenbeeren, aber auch Rosinen sowie Haferflocken oder ggf. Mehlwürmer. Verwende das, was in deinem Garten vorhanden ist, sofern du einen dein Eigen nennst. Dann kannst du die noch warme Mischung entweder in Formen gießen oder in halbierte Kokosnuss-Schalen bzw. umgekehrt aufzuhängende Ton-Blumentöpfe.

Bannen oder Besänftigen derjenigen Kräfte, die einem nicht wohlgesonnen waren, das Vieh verhexten oder die Saat verdarben – alles existenzielle Themen der Landwirtschaft. Auch wurden Schutzbündel in den Türsturz gelegt, um Widrigkeiten zu bannen, damit die dunklen Kräfte den Weg in den Stall erst gar nicht finden konnten. Ein anderer Brauch besagte, den Stall mit getrockneten Johanniskrautblüten auszustreuen, um das womöglich bereits vorhandene Übel zu bannen – hernach wurden die Blüten zusammengekehrt und verbrannt. Nicht umsonst heißt Johanniskraut auch Teufelsflucht. Wer das nicht zur Hand hatte, nahm Salz.

RITUAL – ACHTE DIE NATUR

Wenn du magst, gehe (gerne mit deinen Kindern oder Enkeln, sofern du welche hast) in den Wald, um dort ein Bäumchen mit qualitativ hochwertigem Vogelfutter zu schmücken, welches ihr ggf. zuvor selbst gemacht habt. Das ist ein schöner und so nützlicher Brauch, lehrt deine Kinder das Umsorgen und Teilen, aber auch die Achtsamkeit vor der Natur. Rezept siehe oben.

74

Die zwölf magischen Raunächte

Bist du bereit für den Beginn der Raunächte? Dann lasse dich von der Magie dieser besonderen Zeit verzaubern. Entdecke, was wesentlich für dich ist und finde Klarheit für dein Leben.

KLARHEIT UND PRÄSENZ – 25. AUF 26. DEZEMBER

SPÜRE DEINE GEGENWÄRTIGKEIT

In dieser Raunacht geht es um das Anerkennen dessen, was ist. Um Klarheit, Hinsehen und »Wahr«-nehmen. Kehre zu deiner Quelle zurück, verbinde dich, übe dich im klaren Selbstausdruck und verbaler Artikulation. Dein Geist ist wach und klar – du bist absolut präsent verankert im gegenwärtigen Augenblick.

Wenn du magst, betreibe heute eine innere Bestandsaufnahme. Be- und verurteile weder dich noch andere, nimm einfach nur an. Was ist gut und stimmig, was bedarf der Veränderung? Wir sind so konditioniert, alles irgendwie »finden« zu müssen. Gut, schlecht oder mittel. So versäumen wir womöglich die Essenz, nämlich wahrzunehmen, was es aus sich selbst heraus überhaupt ist – ohne unser Urteil. Das »Wie« ist wesentlich. Ohne das Durchdringen des »Wie« wird es kein Verständnis geben und damit keine reelle Handlungsebene, sondern nur Re-Aktion auf Aktion.

RÄUCHERUNG – STÄRKEND UND KONZENTRATIONSFÖRDERND

- Elemi – klarer Ausdruck, Umsetzungsenergie, nicht nur träumen, auch ins Tun gehen, positiv gelebte maskuline Energie, formulieren, was gemeint ist, sich selbst würdig vertreten.
- Eukalyptusblätter – Wachheit, Bereitwilligkeit hinzusehen, was aus sich selbst heraus da ist, Konzentration; die Blätter aller Eukalyptusarten können geräuchert werden.
- Apfelminzeblätter – (die einzige Minze ohne Menthol) – auf Sand- oder Ton-Isolation räuchern, sanfte Hinwendung zum Jetzt, wenn du dich im Träumen verloren haben solltest.

Um klar zu sehen, ist es wichtig, klar im eigenen Selbstausdruck zu sein. Formuliere ich mich verständlich, sage ich, was ich meine? Auch die Frage, ob ich ehrlich bin, spielt mit hinein – ehrlich zu mir selbst zu sein, ist die Grundlage auch ehrlich zu anderen sein zu können. Wo mache ich mir also etwas vor, vielleicht aus reiner Gewohnheit? Auch kann es sinnvoll sein, sich einzugestehen, wo Unterstützung benötigt wird. Manchmal ist eine Reflexion von außen Gold wert. Erlaube dir ruhig auch sinnvolle Hilfe anzunehmen. Und Hilfe anzubieten, wo du sie geben kannst. Vernetzung und gelebtes Miteinander machen die Welt zu einem wärmeren Ort.

ÄTHERISCHE ÖLE – KLARHEIT UND KRAFT

- Myrte – fokussierte Kraft und klares Hinsehen – was ist wahr? Lineare Bewegung für das Zusammenhalten der Kräfte und die Umsetzung der Wünsche, steht auch für Reinheit.
- Zypresse – Geradlinigkeit, Aufrichtigkeit, Bereitwilligkeit zur Wahrheit, Zusammenhalt aufrichtender Energiestrukturen, Selbstachtung.
- Kampfer – wache Präsenz, gebündelte Kraft und Klarheit im Weg (nicht in der Schwangerschaft, Stillzeit und für Kinder bzw. bei Epilepsie), stark reinigend und erweckend – wem das zu stark ist, der kann alternativ Cajeput verwenden.

Wichteln ist eine schöne Gelegenheit zu schenken, ohne eine Gegenleistung zu erwarten.

HELFENDE WICHTEL

Wichtel halfen den Menschen im Haushalt und in den Ställen und erledigten deren Angelegenheiten, manchmal sogar während der Mensch noch schlief, in vollkommener Mühelosigkeit. (Womöglich, weil Angelegenheiten mühelos sein können, wenn keine Erwartung besteht und damit Absicht und Anspruch wegfallen.) Bis heute ist es ein schöner Brauch zu wichteln, also anderen kleine Geschenke der Freude zu machen – im Idealfall, ohne eine

Gegenleistung zu erwarten. Auch heute noch zeichnet sich klassisches Wichteln dadurch aus, dass wir nicht wissen, wer uns beschenkt hat. Wie könntest du ein Wichtel sein – ohne ein Hoffen auf Gegenleistung (auch nicht im Hinblick auf dein »Karmakonto«) – etwas helfen, dazutun, beisteuern? Wem kannst du eine Arbeit abnehmen oder den Einkauf mitbringen, den Hof schippen oder einfach nur wohlwollend an ihn/sie denken?

NERVENSTÄRKENDE TEEZUBEREITUNGEN

- Rosmarin – wache und stabile Nerven, fokussiertes Dranbleiben; am Morgen besser als jeder Kaffee.
- Pfefferminzblätter – klärend, Altes loslassen, den Geist und die Gedankenstrukturen erfrischen (nicht in der Schwangerschaft, Stillzeit und für Kinder unter 12 Jahren).
- Ginkgoblätter – gutes Erinnerungsvermögen, Verknüpfungen schaffen, Weitwinkel und offener »Geist«, für eine langfristige Anwendung.

Sei ehrlich zu dir selbst, wenn du in dein Raunächtetagebuch schreibst.

RITUAL – SEI WACH UND PRÄSENT

Notiere Folgendes in dein Raunächtetagebuch, um die Fähigkeit zu nähren, klar zu sehen, wach und präsent zu sein – wenn du magst in zwei Spalten. Links alles, was wahrhaft stimmig, kraftvoll und gut ist. Alles, was du anerkennen kannst, was du liebst, was dir zuteil wurde in deinem Leben. Rechts alles, was nicht stimmig ist, was dir Kraft raubt oder der Veränderung bedarf. Sei ehrlich mit dir selbst und lass alle Schönfärberei, rede dir (und anderen) nichts ein, sondern schau genau hin, um neue Wege zu initiieren. Ein reinigendes Bad im Euka-

REZEPT – EUKALYPTUS-BADEÖL

Zur Stärkung der Abwehrkräfte, zur Vertiefung des Atems und zur Unterstützung der Präsenz. In einem (Becher-)Glas mische

- 20 ml Mandelöl aus erster Kaltpressung (bio)
- 5 ml Sonnenblumenlecithin oder Sojalecithin (bio)
- 5 ml naturreines, ätherisches Eukalyptusöl (Eucalyptus globulus)
- 6 Tropfen natürliches (!) Tocopherol (Vitamin E) zur Verlängerung der Haltbarkeit deines Basisöles

Fülle diese konzentrierte Mischung in eine schöne Glasflasche ab und verwende davon für ein Vollbad ca. 6 bis 8 Tropfen nach Einlassen des Badewassers. Wenn du das Öl zum Duschen verwenden möchtest, gib weitere 20 ml Mandelöl hinzu, damit du dich damit unter der Dusche einölen kannst. Die Poren sind im warmen Wasser schön geöffnet und das hochwertige, hautpflegende und Abwehrkräfte stärkende Öl zieht tief ein. Ganz nebenbei vertieft es deinen Atem, was dir in deiner Übungspraxis zugutekommen und dich mehr ins Hier und Jetzt holen kann. Diese einfache Mischung schützt vor Ansteckung, funktioniert aber auch bei Erkältungserkrankungen und entspannt zudem die glatte Muskulatur. Vielseitig wie es ist, eignet sich das Öl auch als schönes Geschenk. Diese Mischung ist für Erwachsene gedacht. Für Kinder verwende statt Eukalyptus bitte Cajeput, ein Verwandter des Teebaums. Allerdings in deutlich geringerer Dosierung: Kinder unter 3 Jahren nicht mit ätherischem Öl baden, ab 3 Jahren in o. g. Rezeptur 5 Tropfen Cajeput geben und 2–4 Tropfen der fertigen Mischung ins Badewasser geben; Dosis des ätherischen Öles für 6-9-Jährige verdoppeln und ab 9 bis 14 Jahre verdreifachen, wobei die Zugabe des fertigen Badeöls dann im Badewasser gleich dosiert wird. Cajeput bitte nicht länger als 2 Jahre lagern, da Melaleucaarten toxisch werden können.

lyptus kann dir dabei helfen, klar zu sehen. Diese Nacht steht symbolisch für den Februar des nächsten Jahres – was wird da anstehen? Wo möchtest du bis dahin gerne stehen? Für den nächsten Tag: alles erledigen, was ansteht, damit du Zeit für dich hast.

ÜBUNG – LÖSE VERSPANNUNGEN

1. Setze dich entspannt und aufrecht auf dein Meditationskissen oder einen Stuhl ohne Lehne. Nimm zunächst nur wahr, wie tief dein Atem reicht. Folge ihm mit deiner Aufmerksamkeit, geleite ihn nach innen und lass alles Verbrauchte und Überholte ausatmend los. Verschränke dann, wenn du bei dir angekommen bist, deine Hände vor der Brust und strecke die Zeigefinger nach oben aus – eine Geste, die Himmel und Erde verbindet und dir deinen Platz als Mensch dazwischen zeigen kann.
2. Drehe dich einatmend nach links und ausatmend nach rechts. Wenn deine Wirbelsäule frei ist, kannst du flinke Bewegungen machen und durch die ebenfalls flinkere, der Bewegung angepasste Atmung Prana oder Chi bzw. schlicht die Lebensenergie in dein System pumpen. Ist dein Rücken verspannt oder schmerzt er, führe ganz langsame und achtsame Bewegungen aus und widme dich für ca. 3 bis 5 Minuten ganz bewusst dem Prozess willentlichen Loslassens.
3. Dann recke die Arme in gleicher Handhaltung nach oben, lege den Kopf leicht in den Nacken – es soll sich angenehm anfühlen – und atme im Feueratem (Hecheln wie ein Hund) die reine Zwerchfellatmung ausschließlich durch die Nase – ähnlich einem Blasebalg. Wenn dir das nicht gleich gelingt, erlaube dir Geduld mit dem Prozess. Wenn es dir angenehmer ist, atme lange und tief für ca. 1 bis 2 Minuten.
4. Dann lass zunächst ganz bedacht die Hände absinken und bringe deinen Kopf in die Gegenposition mit dem Kinn auf die Brust, um zu entspannen. Verschränke danach deine Hände hinter dem Rücken und ziehe sie wippend nach oben – auf und ab – ca. 1 bis 3 Minuten. Sollte das für dich nicht machbar sein, kreisel einfach deine Schultern eine Weile nach hinten, dann nach vorne und nochmals zurück. Lege deine Hände jetzt als Schale in den Schoss und spüre nach, wie gut es ist, wenn sich Anspannungen im wahrsten Sinne des Wortes in Wohlge-

fallen auflösen. Diese Übung kannst du beliebig oft wiederholen. Wenn du möchtest, integriere sie in deinen Alltag, um stressbedingten Anspannungen vorzubeugen und dir etwas Gutes zu tun.

1

2

3

4

ANKOMMEN IM SEIN – 26. AUF 27. DEZEMBER

SPÜRE HEIMAT IN DER STILLE

Suche die Stille in dieser Nacht des Neubeginnes und der Kontemplation. Ruhe in dir und erlebe das Sein. Frage dich: » Wer bin ich ohne jede Identifikation im Außen? Wer bin ich ohne meine im Alltag geschaffenen Identitäten?« Deine Geburt ist Daseinsberechtigung genug – du musst nichts dafür tun, nichts leisten, um da sein zu dürfen.

Finde Heimat im Sein, ohne Aktionismus, ohne Definition, ohne Wollen oder Müssen. Diese Dinge werden nicht mit dem Kopf und auch nicht in einem kreierten Ritual erfahren, sondern aus dem Sein heraus. Komm bei dir selbst an.

RÄUCHERUNG – ZENTRIEREND

- Guggul – Zentrierung im Selbst, ankommen im Moment, das Selbst erfahren.
- Palo Santo – Bündeln aller Aspekte, die sich in der Außenwelt verloren haben, um mich zu komplettieren; Holzstangen können direkt angezündet werden, danach in eine feuerfeste Schale legen.
- Zedernholz – Loslassen aller Identifikation im Tun, ankommen im Sein.

Es ist die Stille, die uns Heimat gibt. Dorthin kehren wir in dieser Nacht zurück, wie in einen Schoß der Geborgenheit, der Verbundenheit und der Fülle. Dort regenerieren wir zutiefst und unsere Kreativität wird darin geboren. Wenn wir nicht lernen, zumindest ab und zu in den Urgrund des Seins hinabzutauchen und gänzlich zu entspannen, brennen wir aus. Erschöpfend wird es, wenn die Kräfte aus uns selbst stammen, aus unserem persönlichen und daher begrenzten Reservoir. Binden wir uns an das große Ganze an, sind die Kräfte unermesslich und endlos, tiefgründig und weit. Erfahre dich wie ein Samenkorn in seinem Potenzial, in Vollkommenheit erblühen zu können, im Moment aber noch ganz in der Ruhe verankert. Spüre die Heimat in dir selbst und in der Stille.

ÄTHERISCHE ÖLE – MEDITATIV UND BEWAHREND

- Atlas-Zeder – eine herbe Zeder, die hilft, in der Ruhe zu bleiben, meditativ und bewahrend.
- Lavendel – bringt alle zerstreuten Nervenenden zusammen, sodass wir ganz zur Ruhe kommen können und die Kostbarkeit des gegenwärtigen Augenblickes spüren können.
- Mandarine – herrlich harmonisierender und auch ein klein wenig tröstender Duft, der uns vermitteln kann, dass alles gut ist in dieser Welt, alternativ Orange oder Tangerine verwenden.

FRISCHE UND ECHTE KRÄFTE

Die Percht und ihre Wilde Jagd kamen immer auch zu denjenigen Menschen ins Leben, die zu sehr mit dem Tun beschäftigt waren bzw. mit dem »Zu-angepasst-Sein«. Wer es ständig anderen recht machen will und dabei sich selbst gänzlich aus den Augen verliert, sich nicht mehr spürt, muss wachgerüttelt werden. Die Wilde Jagd kommt also ins wohlsortierte, durchstrukturierte Leben und würfelt alles durcheinander. Im schlimmsten Falle werden Krisen initiiert, um einen Neustart möglich zu machen. Die Percht liebt die frischen, die wachen, die wilden und die echten Kräfte – besonders die der Frauen und Kinder, aber nicht nur. Zu püppchenhaften Frauen zerzaust sie schon mal das Haar und zerdeppert ihnen notfalls das ganze Geschirr. Auch in wilden Tieren und in ungestümer Natur findet sie sich, während Pan die Kraft ist, die der ungezügelten Männlichkeit Flötentöne lehrt. Beide Kräfte zeigen, was wir sind ohne die Anpassung an Norm und Regel: Was bleibt, was hat Bestand, was ist echt? Dabei geht es aber auch nicht darum, die Andersartigkeit zur Schau zu stellen. Die Percht wohnt im Übrigen im Holunder, u.a. wurde deshalb der Hut vor dem Strauch gezogen (je nach Höhe werden die Exemplare auch als Baum bis 15 m oder Halbstrauch bezeichnet). Er darf auf keinen Fall geschlagen oder das Holz verbrannt werden. Die letzte Raunacht ist der Percht gewidmet, die in dieser Nacht kommt, um alles zu überprüfen. Perchtengestalten und als solche wild Verkleidete zogen aber in allen Raunächten durch die Orte, um das Fürchten zu lehren. Teile der alemannischen Faschingsbräuche beruhen bis heute darauf.

BEHÜTENDE TEEZUBEREITUNGEN

- Malvenblüte – unterstützt das freundliche Wohlwollen uns selbst (und anderen) gegenüber.
- Fenchelsamen – innere Ruhe bei gleichzeitigem Loslassen des Krampfhaften, vermittelt Mühelosigkeit.
- Frauenmantelblätter – wer das Blattwerk kennt weiß, wie umhüllend und Geborgenheit vermittelnd diese mütterlich warme Pflanze ist, zentrierend im Grundthema: Ankommen bei sich selbst.

RITUAL – HALTE ZWIESPRACHE MIT DIR SELBST

Diese Nacht ist für die Zwiesprache mit dir selbst und tiefe Meditation bzw. Kontemplation gedacht, um dich zu versenken in Stille und purem Sein. Wenn es dir möglich ist, ziehe dich ganz zurück und erlaube dir, nichts zu tun, sondern einfach nur da zu sein, um zu spüren, was aus sich selbst heraus da ist – ohne jedes Sollen oder Wollen. Bereite diesen 1-Tages-Retreat wenn möglich vor, indem du alles, worum du dich sonst zu kümmern hättest, im Vorfeld geregelt hast. Im Erfahren dessen, was ist, formt sich das, was sein kann. Wenn du dich dem ganz und gar hingibst, offenbart sich die Schönheit und Einzigartigkeit deines Wesens ganz absichtslos. Tue nichts, sei einfach nur da – wahrnehmend, offen, achtsam. Erlaube dir, nichts zu denken, auch wenn das vielleicht nicht auf Anhieb klappen mag. Zähle zur Meditation, wenn nötig, deine Ausatemzüge und beginne bei 3 immer wieder von vorne. So hat dein Geist Futter und dein Sein in der Tiefe die Möglichkeit, zur Ruhe zu kommen. Du identifizierst dich mit der Stille, nicht mit dem Sturm. Sei das Zentrum des Sturms. Du bist die Stille. Die Stürme der Gedanken und Emotionen, die sich darüber gelegt haben, sind lediglich temporär. Begib dich in denjenigen Aspekt deines Selbst, der davon vollkommen unberührt bleibt. Wenn das nicht auf Anhieb gelingt, bleibe wertungsfrei und sinke nach dem Auftauchen

(der dich mitreißenden Gedanken und Gefühle) einfach wieder hinab in die Tiefe. Wenn du magst, schreibe in dein Raunächtetagebuch, an welchen Identitäten du dich festhältst und welche dir zugedacht werden – welche Position hast du als Frau/Mann, als Partner/in, als Mutter/Vater, als Kind, als Arbeitende/r/Arbeitgeber/in, als Bürger/in, als was auch immer. Welche Positionen hast du eingenommen, was bestätigt dich in dem, was du gerne darstellen magst, was fühlt sich unbequem an? Und was von dir bleibt übrig, wenn du alle diese Identifikationen loslässt?

Eine Räucherung mit Sandelholz vereint die männlichen und weiblichen Kräfte und hilft dir, dich zu zentrieren.

RÄUCHERUNG – »TANZ VON PAN UND PERCHT«

- 1 Teil rotes Sandelholz pulverisiert
- 1 Teil Guggul
- 1 Teil Myrrhe

Gib alle Teile in einen Stein- oder Marmormörser mit einer Prise Steinsalz (am besten heimisches) und vermahle dies. Auf Sieb oder Kohle geräuchert ergibt das einen wundervollen, zentrierenden und auf das Wesentliche konzentrierten Duft zur Meditation in Stille. Er vereint die männlichen und die weiblichen Kräfte in schöner Klarheit. Wenn deine Gedanken gerne fliegen oder du emotional in was auch immer involviert bist, kann dieser Duft es dir erleichtern, dich zu wahren. Ebenso hilfreich, wenn dein Geist sich hervortut und du nicht in die Tiefe der Versenkung kommst, weil selbiger die Stille noch nicht ertragen kann.

ÜBUNG – STABILISIERE UND VERWURZELE DICH

1. Stelle dich aufrecht hin, die Füße schulterbreit aufgestellt, kreisle dann aus der Hüfte ca. 3 Minuten links herum, dann rechts herum und nochmals links herum. Ganz spielerisch und leicht, geradezu tänzerisch: befreie deine Körpermitte.
2. Nun wippe ca. 2 bis 3 Minuten mit dem linken ausgestreckten Bein nach außen aus der Hüfte heraus, also nicht nach vorne, sondern gerade zur Seite. Das spürst du im Hüftspeck, solltest du welchen haben.
3. Nun stelle dich auf dein linkes Bein, fasse deinen rechten Fuß an und ziehe diesen, wenn du stabil stehst, mittels Hebelwirkung nach oben. Je nachdem, wie gelenkig du bist, soweit, bis dein Oberschenkel parallel zum Fußboden positioniert ist. Deinen linken Arm nimm dabei nach vorne. Forme mit Daumen und Zeigefinger ein »O«, während die Handinnenfläche zu dir zeigt. Diese kann als Spiegel der Selbstwahrnehmung begriffen werden. Es fordert volle Konzentration auf dich selbst, damit du stabil stehen kannst. In dieser Übung und im übertragenen Sinne. Spüre die Stabilität und die Verwurzelung über deinen stehenden Fuß. Erde dich gut, bleibe ganz in den verlässlichen Aspekten deines Selbst. Versuche, ca. 1 bis 3 Minuten zu stehen, bevor du die Seite wechselst. Wenn das nicht gelingen mag, halte dich an einer Wand oder fasse nur den Fuß an, ohne ihn hochzuziehen, um ein Gleichgewicht zu finden.

1

2

3

DAS INNERE KIND – 27. AUF 28. DEZEMBER

VERBINDE DICH MIT DEINEM INNEREN KIND

In dieser Nacht geht es darum, Leichtigkeit und Freude in dein Leben zu lassen – um die Verbindung mit deinem inneren Kind. Erlaube dir ein Leben in müheloser Unbefangenheit und gelebter Lebensfreude. Frage dich: »Wo mache ich es mir (oder anderen) noch zu schwer?«, »Wie geht es meinem inneren Kind?«

Erinnere dich an deine Träume als kleines Mädchen, als kleiner Junge. Wie hast du damals die Welt begriffen, als du noch vollkommen offenen Herzens in die Welt geschaut hast? Vielleicht hast du ein paar Kinderbilder oder deine alten Kinderzeichnungen. Nimm sie zur Hand und erlaube dir, ganz zu fühlen. Wie ging es dir als Kind und wie siehst du das Kind von damals mit den Augen der/des Großen von heute?

RÄUCHERUNG – SINNLICH UND ERDVERBINDEND

- Styrax(rinde oder -sirup) – vermittelt Leichtigkeit und sinnliche Freude am Dasein.
- Manna – die Blättchen trocknen und auf die isolierte Kohle legen, vermittelt warme Harmonie und geteilte Freude, auch zum Naschen sehr lecker, dazu einfach die Trenn-Blättchen zwischen den Samen ablecken.
- Opoponax – balsamisches, erdverbindendes Harz, welches Vertrauen an die Unbeschwertheit binden kann.

Gibt es Aspekte des Mangels aus der Kindheit, die du dir heute erfüllen kannst? Was hat dir damals Freude bereitetet? Probiere es aus – gehe schaukeln, mache eine Kissenschlacht, lache mit anderen oder alleine, erfreue dich an den Tieren und der Natur, mache scheinbar »nutzlose« Dinge einfach zum Spaß, wie Zwergenhäuschen im Garten bauen oder Steine kunstvoll stapeln, bis der Turm zusammenbricht. Erlaube dir, die zarten und auch die leisen Seiten in dir wiederzufinden und diese zu achten und anzuerkennen, auch wenn du jetzt ein ernst zu nehmender Erwachsener bist. Erfahre, wie befreiend die kindlichen, die leichten, auch die albernen, vor allem aber die wertfrei betrachtenden Anteile in dir sind. Sei wieder neugierig, offenherzig, wach und freudvoll.

Historisches Kinderzimmer im Freilandmuseum Wackershofen

ÄTHERISCHE ÖLE – VITAL UND NÄHREND

- Limette – lebendige, vitale Frische mit freundlicher Aufmerksamkeit und beschwingendem Elan, alternativ Litea oder Lemongras verwenden.
- Vanille echt (!) – harmonisierend, einhüllend auf emotionaler Ebene, nährend bei Mangelgefühlen aller Art.
- Kakao echt (!) – bindet an die Sehnsüchte des inneren Kindes an, wenn man den Duft mag – die verdünnte »Light«- oder »10 %«-Variante reicht hierzu aus (fertig zu kaufen oder selbst zu mischen in Bio-Weingeist).

RUTENSCHLAGEN UND GLÜCKSSPIEL

Herodes ließ am 28. Dezember unschuldige Kinder töten, um seine ersehnte Herrschaftsposition nicht zu gefährden – sagt die Bibel. Wo beherrschen wir selbst unser inneres Kind, setzen uns grob und missachtend darüber hinweg? Welche Aspekte in uns negieren die kindlichen oder die friedvollen Anteile? In manchen Regionen durften an diesem Tage die Kinder ihre Eltern mit einer Haselrute schlagen, um dann mit Münzen entlohnt zu werden, wenn sie aufhörten. Wenn man weiß, wie streng manches Elternhaus damals war, sicherlich auch aufgrund der ebenso strengen Lebensumstände, mag das vielleicht eine kurzfristige Erleichterung für das kindliche Gemüt gewesen sein. Das Rutenschlagen war aber auch ein Fruchtbarkeitsritual, das nicht nur in nordischen Saunakulturen bis heute bewahrt wird.

In den klassischen Raunächten war das Glücksspiel verboten, sprich das Kartenspiel um Geld. Wer es dennoch tat, konnte seinen Verstand einbüßen. Es galt in dieser Nacht zwar auch die spielerischen Aspekte zu integrieren, jedoch nicht unter dem ernsthaften Zwang des Geldes und der Gier.

BESCHWINGENDE TEEZUBEREITUNGEN

- Kakaoschalen in Hafermilch auskochen mit einem Hauch Zimt – für das innere Kind köstlich und nährend zugleich.
- Apfelschale mit Rosinen – einfacher Früchtetee, schnell zubereitet und lecker wie in Kindertagen.
- Süßholz – die Wurzel, aus der früher Lakritz gewonnen wurde, unterstützt die zarten Aspekte der Lebensfreude in uns, kann direkt gekaut oder als Tee geraspelt werden (Süßholz raspeln als Ausdruck der Freundlichkeit, lass sie absichtslos sein, damit der negative Beigeschmack wegfällt).

Wenn du in Frieden mit deinem inneren Kind lebst, werden positive und heilsame Kräfte freigesetzt.

RITUAL – VISUALISIERE DEIN INNERES KIND

Finde ein Kinderbild von dir, das du gerne hast, und sende dem Kind in dir deine ganze Herzensliebe und bedingungslose Unterstützung des Erwachsenen, der du heute bist. Solltest du keines haben, zeichne dich so, wie du dich damals wahrnahmst oder nimm notfalls ein stellvertretendes Foto oder ein Symbol. Stelle das Bild auf und sende ihm jedes Mal einen Luftkuss, wenn du daran vorbei gehst. Verbinde dich mit dem Kind in dir meditativ und überflute es mit all deiner Liebe, sodass es seine schönsten Seiten entfalten und dabei ganz nebenbei dich als erwachsenen Menschen inspirieren kann – denn das innere Kind ist ganz dicht am Potenzial deiner Kreativität. Falls du Spaß daran hast, zeichne mit der linken Hand, wenn du Rechtshänder bist, oder mit der rechten, wenn du Linkshänder bist, ein Bild, wie du dein inneres Mädchen/deinen inneren Jungen siehst – bzw. wie sie/er sich selbst sieht. Du kannst das Bild zu deinem Kinderfoto hängen und ebenfalls mit deiner Liebe aktivieren und unterstützen. Emotional lösende Momente wirken nicht linear, daher hat das eine große Kraft, auch rückwirkend. Und nicht nur für dich, sondern für deine ganze Familien-Konstellation und deine eigenen Kinder. Es wirkt wie ein Kiesel im Wasser, der seine Kreise zieht.

REZEPT – APFELPUNSCH

Warmer Gewürz-Apfelpunsch (für Kinder geeignet)

- 1 l Apfelsaft naturtrüb
- 1 TL Anis, im Mörser aufgebrochen
- 1 bis 3 Gewürznelken, im Mörser aufgebrochen
- 6 Hagebutten, frisch oder getrocknet, in der Mitte durchschneiden (Kerne dürfen drinbleiben)
- 6 Schlehenfrüchte, frisch oder getrocknet, sofern vorhanden
- 1 daumennagelgroßes Stück Ingwer, wer mag, nimmt mehr
- 1 Stange Ceylonzimt in kleine Stücke brechen

Alle Zutaten miteinander erhitzen, nicht kochen, und bedeckt 1 Std. stehen lassen, danach evtl. nochmals erwärmen. Lecker für große und kleine Kinder und zudem Abwehrkräfte stärkend. Wenn nötig mit einem Löffel gutem Honig süßen, in der Regel reicht aber die Fruchtsüße des Apfelsaftes.

ÜBUNG – SPÜRE KINDLICHE FREUDE

1. Komme in den Vierfüßlerstand und achte darauf, dass Hände und Knie stimmig positioniert sind. Die Knie stelle ca. schulterbreit auf, die Hände etwas weiter auseinander, sodass du Halt hast.
2. Ausatmend komme in den Katzenbuckel und lass den Kopf locker nach unten hängen, einatmend in die Kuhhaltung mit Hohlkreuz, Kopf und Blick Richtung Decke gerichtet. Wiederhole das ca. 3 Minuten und spüre dabei die Bewegung und die Flexibilität deiner Wirbel.
3. Komme dann in die kleine Kindhaltung – dazu die Arme unter deinen Beinen hindurch am Boden ablegen und den Kopf zur Seite deiner Wahl drehen, um ganz zu entspannen. Lass dich ganz fallen in deine kindlichen, zarten und auch die verletzlichen Aspekte hinein. Nimm sie ganz an, ohne ins Grübeln darüber zu verfallen. Nur wahr- und annehmen.
4. Danach drehe dich auf den Rücken, umfasse deine Beine, um dann auf und ab zu schaukeln. Die Verlagerung des Schwerpunktes kann Glücksgefühle kreieren, weshalb Kinder so gerne schaukeln. Mache das, solange du Spaß daran hast und dann ruhe einen kurzen Moment in dieser kindlichen Freude.

Verbinde dich mit deinem inneren Kind und spüre die befreiende Wirkung.

WANDLUNG UND TRANSFORMATION – 28. AUF 29. DEZEMBER

Kläre dein Umfeld und versuche, dich von Altlasten zu befreien.

KLÄRE DEIN UMFELD

In dieser Raunacht geht es darum, Klärung und Lösung zu initiieren. Es ist die Nacht der Wandlung, in der du Lösungen finden, Themen beenden und befrieden, Ausgleich schaffen kannst. Frage dich: »Was darf sich im wahrsten Sinne des Wortes in Wohlgefallen auflösen?« Die Lösung findet auf tiefster Ebene statt – jetzt!

Zentriere dich, um zu erfahren, um was es wesentlich geht in deinem Leben, in dieser Phase oder dem kommenden Jahr. Gemäß dem Leitsatz: »Wenn du nicht Teil der Lösung bist, musst du Teil des Problems sein«. Was ist zu tun, um Wünsche verwirklichen und Träume etablieren zu können. Bereiche, die frischen Wind benötigen, hast du im Vorfeld bereits erkennen dürfen. Dies ist ein guter Abend, eine gute Nacht, um tatsächlich Strukturen zu gestalten – gegebenenfalls sogar ein Projekt für jeden einzelnen Monat. Heute ist Zeit für lineares Denken und ergebnis- bzw. lösungsorientiertes Herangehen. Was sind deine Projekte im kommenden Jahr – was braucht es dafür? Sogar einen Businessplan könntest du heute erstellen. Kümmere dich aber auch, wenn nötig, um Altlasten, denn diese binden dich an die Vergangenheit, wie Fesseln an den Füßen, die eigentlich gerne vorwärtsstreben würden. Mit Altlasten ist dein Weg mühsam und beschwerlich.

RÄUCHERUNG – TRANSFORMIEREND UND AUFRICHTEND

- Salbeiarten – weißer oder Gartensalbei (riecht leicht nach Marihuana, daher musst du entscheiden, wie wichtig dir ist, was deine Nachbarn denken) – reinigend und die transformierenden Kräfte unterstützend.

- Minzearten – klärend und zentrierend in dem, um was es aktuell wirklich geht.
- Kalmus – sehr herb, daher z. B. mit Elemi gemischt, wirkt verwurzelnd und aufrichtend, das Kraftpotenzial nährend.
- Menthol – sehr sparsam verwenden (Stecknadelkopfgröße), die frischeste aller Räucherungen; erweckend, klärend, geistig ausrichtend und stark reinigend – nicht in der Schwangerschaft, Stillzeit, mit Kindern oder Tieren verwenden; auf naturreine Qualität achten (vom Laien optisch nicht zu unterscheiden, den Händler daher ggf. nach Analyse fragen).

Gehe es heute an: Begleiche Schulden aller Art bzw. biete praktikable Lösungen an. Bringe Geliehenes zurück. Wenn derjenige nicht mehr lebt oder für dich nicht erreichbar ist, mit dem ein Ausgleich zu schaffen wäre, schaffe ihn anderweitig, z. B. durch eine Spende oder eine gute Tat. Rede dir nicht ein, dass du ärmer dran bist und es deshalb okay ist, anderen etwas wegzunehmen oder vorzuenthalten. Auch dann nicht, wenn du glaubst, diese hätten mehr und es stünde dir zu. Schaffe für alles, was du je gestohlen hast, einen Ausgleich oder bringe es zurück. Entschuldige dich, wo es nötig ist – zur Not durch Briefe, die du nicht absendest, falls das nicht geht. Entschuldigen kommt davon, sich zu entschulden – sich seiner Schulden zu entledigen. Erst dann bist du zu echter Freiheit fähig. Wo es machbar ist, sprich mit den Menschen, um Dinge aus der Welt zu schaffen, die vielleicht schlichtweg auf Missverständnissen beruhen. Kläre dein Umfeld, es muss ja nicht alles heute getan werden, aber werde dir bewusst, wo es der Klärung bedarf – sei ehrlich. Wo warst du vielleicht nicht nur Opfer, sondern Täter? Wo hast du andere übergangen oder deinem Ego die Zügel in die Hand gegeben?

Räucherungen mit weißem Salbei haben eine stark reinigende Wirkung.

Briefe schreiben ist eine schöne Möglichkeit, mit Menschen Klärung zu finden, mit denen ein Gespräch nicht (mehr) möglich ist.

ÄTHERISCHE ÖLE – KLAR UND ERWECKEND

- Kampfer – erweckt den Geist und die klare, wache Präsenz im unwiederbringlichen Augenblick – nicht in der Schwangerschaft, Stillzeit, mit Kindern oder bei Epilepsie verwenden.
- Zirbelkiefer – klarer Standpunkt bei vollem Bewusstsein über die eigenen Kräfte in gleichzeitiger Ruhe und dem Selbstverständnis des Seins.
- Salbei – siehe oben, als ätherisches Öl noch reinigender, als Räucherwerk stärker absorbierend; gleiche Einschränkung: nicht in der Stillzeit anwenden.

DIE KRAFT DER GÖTTER

In grauer Vorzeit erzählten die Menschen ihre Wünsche und Anliegen den alten keltischen und germanischen, z. T. auch römischen Gottheiten, um sich selbst über die eigene Position klar zu werden, sich von Schuld freizusprechen (später in sogenannten Ablässen geschickt vermarktet) oder um Unterstützung zu erbitten. Je nachdem, welcher Kraft es bedurfte, konnte die entsprechende Gottheit angerufen werden oder dessen Stellvertreter in der Pflanzenwelt. **Wotan oder Odin** – erst wilder Kriegs- und

Todesgott, später Gott der Weisheit (so ist das manchmal mit den jungen Männern, die erst reifen müssen), wurde angerufen, wenn es Kraft und Mut brauchte. **Freya** zur Unterstützung der Liebe und Fruchtbarkeit (in jeder Hinsicht), auch Göttin der Frauen und Kinder. **Thor** als Donnergott und Schutz der Riesen für das Durchsetzungsvermögen und zum Schutz der Landwirte. Der blinde Gott **Hödur** konnte die inneren Werte des Menschen erkennen, da er ihr Äußeres nicht sah. **Heimdall** hatte die Aufgabe, die Götter selbst zu schützen und die Brücke zwischen Menschen- und Götterdasein zu bewahren. **Tyr** ist der Gott des Rechtsspruches. **Loki** hingegen ist der listige Gott der Räuber und Lügner. Zu jeder Gottheit gab es zugeordnete Pflanzen, die entgegen der Gottheit selbst besucht werden konnten. Dem Donnergott wurde vermutlich die Hauswurz geweiht, aber auch der Gundermann – die mancherorts daher Donnerrebe hieß. Tyr bekam eine mächtige Giftpflanze, den Eisenhut, zum Schutze und die Form der Blüte als Symbol des Helms. Freya hatte neben dem Holunder die machtvolle Artemisia-Art Eberraute und auch die kinderliebende Eberesche als Stellvertreter. Die Sonne (stellvertretend der Gott Balder) wurde der Sage nach von einem Mistelzweig (dem Winter) getötet. Die Menschen glaubten, dass die göttliche Kraft, die in der Pflanze wirkte, heilen würde, nicht die Pflanze selbst. Vergleiche dazu auch Christian Rätschs Buch »Der heilige Hain – Germanische Zauberpflanzen, heilige Bäume und schamanische Rituale«.

KLÄRENDE TEEZUBEREITUNG

- Salbeiblätter – wenn du Mühe hast, dich zu artikulieren, die richtigen Worte zu finden, oder das Gefühl hast, nicht gehört zu werden, Einschränkung: nicht in der Schwangerschaft, Stillzeit, mit Kindern oder bei Epilepsie anwenden.
- Eibischwurzel – erleichtert den geschmeidigen Weg der Worte vom Gehirn zum Gegenüber, bindet an den Flow an und unterstützt das Lösen.
- Goldrutenkraut, kanadisches oder echtes – unterstützt deine Lebensfreude und den lebendigen Ausdruck derselben, wärmt die Nierenregion. Wenn dir dort oft kalt ist, achte darauf, diese Region unbedingt warm zu halten, da sonst Energie verloren geht. Kein Tee zur Dauermedikation ohne fachlichen Rat.

RITUAL – NIMM DICH AN

Setze oder lege dich zur Meditation hin. Atme weißes Licht in alle Zellen deines Körpers ein und blaues Licht aus allen Poren deiner Haut aus, so lange, bis auch das ausgeatmete Licht strahlend rein ist. Dein Körper beginnt von innen zu strahlen, als ob du ein Licht angeknipst hättest. Körperliche Beschwerden lösen sich wie Wölkchen am Himmel auf – du hältst auch diese nicht länger fest. Wenn du magst, spüre dem versteckten Nutzen nach, der sich in deinem persönlichen Leiden bzw. deiner Leidensbereitwilligkeit verbirgt. Was hast du unbewussterweise davon, krank zu sein? Oder hältst du anderweitig am Leiden fest? Visualisiere deinen Körper, aber auch dein Leben in der strahlenden Schönheit, wie du es dir aus ganzem Herzen wünschen würdest in tiefer Selbstliebe und in tiefem Frieden mit dir selbst. Nimm dich ganz und gar an und lass alles Hadern los – mit dir selbst und mit anderen. Schön ist auch, sich an diesem Tag dem Element Wasser zu widmen, indem du beim Baden alle Anhaftungen loslässt und das Wasser als solches segnest mit jeder Bewegung.

RÄUCHERUNG – KLÄREND UND STRUKTURGEBEND

- 5 g Menthol echt, kristallin
- 3 g Wacholderbeeren
- 2 g Pfeffer-, Apfel- oder Nanaminze getrocknet

Die Wacholderbeeren mit dem Mörser anquetschen, dann die restlichen Zutaten zugeben und vermahlen. Stark klärende und lösende Räucherung zum Arbeitsbeginn bzw. zur Klärung der Situation. Erweckend und aufrichtend, daher am Abend nicht geeignet. Ebenso ist diese stark reinigende und lösende Mischung nicht in der Schwangerschaft, Stillzeit und für Kinder bzw. mit Tieren im Haus geeignet. Bitte sehr sparsam auflegen, da dies eine potente Räucherung ist. Wenn du nicht Räuchern kannst/willst, kannst du diese Mischung als historisches Streupuder vermischt mit Salz (1:1) verwenden. Dazu streust du diese absorbierende Pflanzenmischung auf deinen Böden aus, lässt sie für ca. 15 Minuten wirken, um dann alles wieder aufzufegen und auf den Kompost zu geben – den heiligen Ort der Transformation. Wenn du keinen hast, bringe es in die Natur zurück. Bei sehr empfindlichen Echtholzböden gib acht, dass das hygroskopische Salz kein Wasser zieht, daher nicht zu lange liegen lassen.

ÜBUNG – LASSE LOS

Mit dieser kleinen Übung findest du im Alltag schnell Entspannung. Setze dich aufrecht hin, auf dein Meditationskissen oder einen Stuhl ohne Lehne. Lasse die Arme locker hängen, entspanne die Schultern und atme tief. Beginne dann die Schultern nach hinten zu kreiseln, wie um eine Erbse herum in ganz kleiner Bewegung. Nach ca. 1 Minute lässt du den Kreis ganz langsam und bedacht größer werden bis zum größtmöglichen Radius und schließlich wieder kleiner bis zur Erbsengröße. Dann kreisel genauso nach vorne, um deine Schultern zu lösen und dir selbst Lösung anzubieten. Lass los, was schwer auf deinen Schultern lastet und auch, worüber du dich beschwerst ohne Veränderung zu kreieren oder Alternativen anzubieten. Gib Selbstmitleid und Phlegma auf. Zuletzt noch mal wie gehabt nach hinten kreiseln. Dieses schöne Miniset kannst du jederzeit am Schreibtisch ausführen, wenn du Kopf- und Denkblockaden haben solltest.

SCHUTZ UND UNTERSTÜTZUNG – 29. AUF 30. DEZEMBER

FINDE GEBORGENHEIT

In dieser Nacht geht es um Schutz, Einstehen, Potenzierung und Erntedank – Dank für das, was war und dich zu dem gemacht hat, was du heute bist. Unterstütze dich selbst bedingungslos, indem du jede Form der Selbstsabotage loslässt. Frage dich: »Was benötige ich, um mich geborgen und beschützt zu fühlen?«

Es geht auch darum, das mit Kraft zu nähren, was dich wirklich nährt. Die Frage, wie du dich ernährst, kann Teil der Reflexion sein. Ziel ist es, stabil zu stehen, einzustehen für das, was wesentlich ist und was du wirklich möchtest. Auch geht es darum, dich frei zu machen von selbstsabotierenden Zweifeln oder Fallstricken, die du dir selbst stellst oder anderen erlaubst, dir zu stellen. Löse dich bewusst von alten Bindungen, die dich nicht unterstützen in dem, was du wirklich bist. Frei nach dem Leitsatz: »Man darf die Schuld manchmal auch bei anderen suchen.« Gerade (Hoch-)sensible zweifeln immer zuerst an sich selbst. Dazu gehört es, das Energetische zurückzugeben, was nicht dir gehört – in diesem Fall die negativen Glaubensmuster oder Verhaltensformen der Familie, der Sippe, der Ahnen, die in irgendeiner Form in deiner DNA verankert sind.

RÄUCHERUNG – SCHÜTZEND UND KRÄFTE BÜNDELND

- Wacholderbeere – aufrichtende, klärende Räucherung, die uns sehr stabile und verlässliche Qualität lehrt und energetischen Schutz anbietet, Abwehr stärkend, auch im übertragenen Sinne.
- Fichtensprossen – klare Wahrnehmung und zentriertes Zu-sich-selbst-Stehen, reinigend und Nervenkraft bündelnd.
- Lorbeer – gute Schutzräucherung, wenn es darum geht, sich abgrenzen zu lernen – zur Not einfach ein trockenes Blatt kurz auf den Ofen oder den Herd legen, um es sogleich wieder herunterzunehmen.

- Gewürznelke – Notfallräucherung, wenn du dich angegriffen fühlst von Energieräubern oder durch irritierende Erlebnisse, dazu eine Nelke mörsern und den Körper damit von oben nach unten räuchern.

Auch gilt es das zu reflektieren, womit du dich selbst sabotierst: Süchte, Ersatzbefriedigung, Rausch, so tun, als ob – was ist noch inhaltslos und leer – was ist bereits erfüllt und du kannst dankbar dafür sein? Wie gehst du mit deinem Kräftehaushalt um? Was tust du nur, weil du glaubst, »das macht man so«, weil es andere/deine Familienmitglieder von dir erwarten? Was ist dabei okay für dich und worin übergehst du dich selbst? Wann übergehst du die Signale deines Körpers – welche Anzeichen zeigt dir dein Körper klar und deutlich? Warum tust du das?

ÄTHERISCHE ÖLE – ERDEND UND KRÄFTIGEND

- Vetiver – es kann auch gut die verdünnte »Light«-Version eingesetzt werden, stark erdend, verwurzelnd, hilft sich zu zentrieren und zu spüren, nährt das Urvertrauen.
- Wacholderholz – ähnlich der Räucherung s. o., jedoch als Holzöl noch mehr mit den Themen verbunden: zu sich selbst stehen, sich würdevoll vertreten und Ausdauer bzw. Umsetzungskraft zeigen; nicht in der Schwangerschaft, Stillzeit oder mit Kindern anwenden.
- Sugandh – herbes Öl, selten zu bekommen, aber von hervorragend ausrichtender Wirkung vor allem, wenn selbstzerstörerische Tendenzen zugrunde liegen, Süchte aufgegeben werden müssen oder negative Konzepte neu überdacht werden wollen (wenn das nicht zu bekommen ist, nimm eine Zeder).

DIE WOLFSNÄCHTE

Es gibt unzählige Sagen und Geschichten um die fragile Angreifbarkeit des Menschen – ganz besonders in den stockdunklen Raunächten. Mit vielen Regeln versuchte man diesem Wahnsinn zu entkommen, den die Angst heraufbeschwören kann. Die Raunächte heißen auch die Wolfsnächte, denn diese schlichen sich in der kargen Jahreszeit futtersuchend nahe an die Siedlungen. Der Wolf ist verbunden mit dem Reich

Die finsteren Raunächte heißen auch Wolfsnächte. Der Wolf ist verbunden mit dem Reich der Toten und soll uns an unsere eigene Sterblichkeit erinnern.

der Toten und mahnt uns nicht nur der Sterblichkeit der Tiere, sondern erinnert uns auch an unsere eigene Sterblichkeit. Das Leben ist endlich – egal, welche Deals oder großartigen Ablenkungsmanöver wir initiieren. Da ist keine Zeit für ein »so tun als ob«. Ein Aspekt der Angst vor Hexen war nicht nur, dass sie einen (meist Mann) verzaubern können, der dann dem Wahnsinn anheimfiel. Auch, dass sie als »Hägse« (kommt von Hag – die Hecke, also die Heckenreiterin) zwischen den Welten wandeln konnten und all diese Spiele und Ablenkungsmanöver leicht durchschauten. Früher wie heute mag es keiner gerne, wenn die mühevoll aufgebauten Scheinwelten erkannt und womöglich sogar benannt werden. Was diffuse Angst mit Menschen machen kann, zeigt die grauenvolle Geschichte der Hexenverfolgung deutlich. Auch wie arglose Menschen leicht instrumentalisiert werden können, ist immer wieder erschreckend. Mitläufer, die sich in der Gruppe stark fühlen, gab und gibt es immer. Auf Angst bauen sich bis heute ganze Glaubenskonzepte auf.

SCHÜTZENDE TEEZUBEREITUNGEN

- Angelikawurzel – trinke diesen Tee, wenn du dich erschöpft oder ausgebrannt fühlst bzw. in der Rekonvaleszenz befindest, nicht jedoch in der Schwangerschaft, Stillzeit verwenden; nährt den Zugang zum Wurzelchakra und dem Reset des Kräftehaushaltes, bedeckt ziehen lassen.

- Johanniskrautblüten – klassische Schutzpflanze, als Tee oder als Badezusatz (die gleiche Teezubereitung verwenden) zur Stärkung deines feinstofflichen Körpers, wenn du dich angreifbar fühlst oder dir Kräfte entschwinden (Achtung: Die verhütende Funktion der Antibabypille kann durch die innere Anwendung von Johanniskraut herabgesetzt werden).
- Kardenwurzel – sehr sparsam zu dosierender Tee, da sehr bitter, aber effektiv in der Schutzfunktion, wenn es darum geht, Stacheln aufzustellen und Selbstverteidigung zu lernen, oder du das Gefühl hast, von Parasiten belästigt zu werden. Schaue dir die Blattrückseite einmal genau an, dann erklärt sich seine Wirkweise nach der Signaturenlehre von selbst. Wenn du also Drachenzacken brauchst – hier sind sie. Zudem entlastend für die Leber nach jeder Art des Raubbaus am eigenen Körper. Entgiftende Pflanzen grundsätzlich nicht in der Schwangerschaft und Stillzeit verwenden. Sollte es dir zu bitter sein, arbeite mit der feinstofflichen Essenz.

RITUAL – BEFREIE DICH

Visualisiere deinen Körper, nachdem du zur Ruhe gekommen bist – z. B. durch ein Yoga Nidra oder eine andere Art der Meditation oder Körperarbeit. Stelle dir dann alle dich an was oder wen auch immer bindenden Fallstricke vor und nimm dir notfalls visualisiertes Werkzeug, um dich davon zu befreien. Du kannst das ganz in Ruhe und in Liebe tun, du kannst aber auch (selbst-)bestimmt agieren, wo es nötig ist. Trenne dich von allem, was dir Energie absaugt. Gehe gründlich deinen gesamten Organismus durch und lasse bereitwillig los. Auch Partner und Kinder ab einem Alter

Johanniskraut ist eine klassische Schutzpflanze, die den feinstofflichen Körper stärkt.

von 8 Jahren können gut abgelöst werden. Das heißt natürlich nicht, dass du nicht mehr gut für sie sorgen würdest! Sondern vielmehr, dass ihr zu wahrhafter Begegnung frei werden könnt – auf Augenhöhe, von Herz zu Herz und frei von unbewussten Deals oder auf der Ebene von Verletzungen. Lass dir Zeit. Wenn du fertig bist, verbrenne alle noch verbliebenen Verbindungsschnüre in deiner Vorstellung in einem großen Feuer. Danach sende heilendes Licht in die Verletzungen, die du wahrgenommen hast. Handle immer selbstbestimmt. Du bist der Mensch, der bereit war, dies zuzulassen, und jetzt bist du der Mensch, der sich davon befreit. Lass alle Gefühle von Schuld los und komme voll und ganz in deinem Erwachsensein an.

REZEPT – SCHUTZSPRAY / AURASPRAY

- 25 ml Bio-Weingeist
- 5 ml feinstoffliche Essenz Johanniskraut (oder 2,5 ml und 2,5 ml feinstoffliche Essenz Karde, wenn du mehr »Stacheln« brauchst)
- je 2 Tropfen Zedernholz und Nelke(nblätter)
- je 1 Tropfen Palmarosa oder Lavendel (*L. angustifolia* oder *officinalis*)

Alle Zutaten in einem Sprühflakon (30 ml) gut schütteln und mit der Intention aufladen, die du beabsichtigst. Hierbei geht es nicht vordergründig um den Duft, sondern um die Schutzfunktion. Nelkenblätter kitten kleine Haarrisse im Kraftfeld und verhindern so, dass dir Energie verloren geht bzw. undefiniert hineinströmt, weil du sozusagen zu offen bist. Zur Anwendung über den Kopf sprühen oder wie ein Parfum auftragen – es reicht allerdings ein Hauch von nichts, um trotzdem wirksam zu sein.

ÜBUNG – SEI GUT ZU DIR

1. Lege dich auf den Boden und achte auf deine Körperhaltung. Schau, dass du richtig liegst. Atme tief und ruhig und winkle dann dein linkes Bein an, um Knie und Nase so nahe zueinander zu bringen, wie es für dich geht. Das rechte Bein bleibt dabei mit Ballerina-Fußhaltung ca. 10 cm vom Boden entfernt in der Luft. Halte diese Position, während du weiterhin tief in deinen komprimierten Bauch atmest. Lass ausatmend alles los, was deiner Selbstbestimmtheit im Wege steht. Nach 1 bis 3 Minuten ziehe dein rechtes Bein an und wechsle die Beinhaltung für das gleiche Zeitfenster, ohne abzulegen. Dies aktiviert die Bauchmuskulatur auf relativ sanfte Art und Weise. Trotzdem mache nur so lange, wie es geht, ohne dass du am kommenden Tag Muskelkater haben wirst.
2. Winkle dann wieder dein linkes Bein an, bringe Stirn und Knie so nahe zueinander, wie es deine Konstitution erlaubt und strecke das andere Bein gerade nach oben aus. Tausche nach 1 bis 3 Minuten die Seiten.
3. Dann strecke beide Beine nach oben aus, umfasse die Oberschenkel und atme tief. Solltest du dabei deinen Nacken zu sehr anspannen, lege den Kopf auf deinem Kissen ab. In jedem Falle lass deinen Kiefer locker. Halte auch diese Position 1 bis 3 Minuten. Dann strecke dich aus in die Eingangshaltung, wackel aus den Hüften, um dich zu lockern. Lege die Hände auf den Bauch und massiere diesen sanft, um dich ganz zu spüren. Sei gut zu dir. Sei dir selbst beste Freundin/bester Freund, auch in der Art, wie du dich selbst betrachtest. Alles, was wir in Liebe betrachten, wird schön.

INSPIRATION UND MUSE – 30. AUF 31. DEZEMBER

Frage dich selbst: Welches Feuer brennt in mir? Wofür möchte ich in meinem Leben stehen?

ENTDECKE DEINE KÜNSTLERISCHE GABE

In dieser Nacht kurz vor Neujahr ist die richtige Zeit, das Feuer, die Inspiration und die Zuversicht in dein Leben zulassen. Es geht um (Selbst-)Vertrauen und Innigkeit, und darum, die Zukunft positiv zu »informieren«. Öffne dich für Kreativität, Kunst und die Musen. Vertraue dir selbst und dem Leben zutiefst. Gebe dich hin. Frage dich: »Was inspiriert mich wirklich?«, »Was ist für mich Kunst?«, »Wie kann ich mehr Kunst in meine Leben bringen?«

Frage dich auch, wofür du einstehst: Welches Feuer brennt in dir, was will verwirklicht werden und was nährt dein Feuer? Was brauchst du, um dein kreatives Potenzial zu leben in deiner ganzen Kraft und Freude? Worin vertraust du dir selbst zutiefst?

RÄUCHERUNG – ERHELLEND UND VERWURZELND

- Mastix – erhellend, erfrischend, unterstützt Rituale, die deiner möglichen Zukunft die Richtung weisen.
- Vetiverwurzel – erdend, verwurzelnd, bietet Halt, kann gemischt werden, da pur nicht so spannend im Duft.
- Labdanum – der warme, tiefgründige Duft des Zistrosenharzes stärkt das Urvertrauen und schenkt dir tiefe Geborgenheit.

Womit inspirierst du die Welt und was hinterlässt du, wenn du einst gehst? Was kannst du wirklich? Was kannst du vielleicht (noch) nicht, macht dir aber Freude zu tun – insbesondere im musischen Bereich? Vielleicht hast du Freude daran, dir ein thematisches Bild der Zukunft zu entwerfen und dieses auch zu Papier zu bringen. Ganz gleich, welche Technik du wählst, ob realistisch oder abstrakt, symbolhaft oder strukturell. Just do it! Wenn du glaubst, keine künstlerische Gabe zu besitzen, male absichtslos mit geschlossenen Augen oder tanze oder singe.

Kreatives Potenzial kann auf vielfältige Weise ausgelebt werden: gestalterisch, tänzerisch, musisch etc. Spüre hin, welche Form des Ausdrucks die richtige für dich ist.

ÄTHERISCHE ÖLE – WÄRMEND UND MOTIVIEREND

- Patchouli – beschützend, nährt die mütterliche Wärme und das Geborgenheitsgefühl, erdverbindend.
- Tangerine – ein positiv stimmendes Öl, das dir hilft, freudig nach vorne zu sehen, motivierend, aber ruhig.
- Ho-Blätter (Ho-Sho) – unterstützen die Kraft der Zuversicht und der Umsetzung mit wundervoller innerer Ruhe und einer guten Selbstwahrnehmung.

KRAFTVOLLE SYMBOLE

Die Kommunikation über Symbole war in der religiösen oder folkloristischen Kunst weit verbreitet – was sich ganz besonders in Märchenerzählungen widerspiegelt. Es gibt unzählige historische Märchen oder Sagengestalten mit Bezug zu den Raunächten. Sterntaler natürlich vorneweg, aber auch Frau Holle gehört dazu, Knecht Ruprecht, das Mädchen mit den Schwefelhölzern und weitere weniger bekannte. Die Symbolik in Kirchenbildern unter anderem auf den Altären erzählte zuweilen ganze Geschichten und Mythen, um Inhalte den Menschen nahezubringen, die des Lesens nicht mächtig waren. Auch Wappen zierten diese Symbole. Der (Minne-) Apfel steht beispielsweise nicht nur für den Sündenfall, sondern auch für die Weltherrschaft. Der Adler ist Sinnbild für klares Sehen und Stärke. Labyrinthe stehen für die verschlungenen Pfade, die der Mensch zu gehen hat. Schlüssel können den Zugang zum Himmelreich eröffnen, ebenso wie die Schlüsselblume, der sog. Himmelsschlüssel. Die Taube stellt bis heute die göttliche Führung dar und wurde später als Symbol für den Heiligen Geist etabliert. Eine Weinrebe könnte als Lebenskraft interpretiert werden, die aufstrebt und gut gedeiht. Die Elemente haben starke Symbolkraft: Wasser, nicht nur das Weihwasser, welches der Teufel bekanntlich scheute, ist bis heute das Symbol der Reinheit und des Fließens. Feuer ist das Element der Zerstörung, aber auch der Wärme und der Transformation. Winde sind Sinnbild der Zerstreuung, aber auch der Inspiration. Die Erde ist das Element nährender Fruchtbarkeit, der mütterlichen Liebe und Fürsorge. Auch die Darstellung der Himmelskörper hatte fast gottgleiche Kraft. So sagte man, Merkur schütze die Kauf- und Handwerksleute, Venus die Frauen und weiblichen Tiere und die nicht ganz irrelevante Fruchtbarkeit derselben.

STABILISIERENDE TEEZUBEREITUNGEN

- Melisseblätter – vermitteln das In-sich-Ruhen, stabil und würdevoll, vollkommen im Gleichgewicht in tiefem Vertrauen.
- Lavendelblüten – aus zentrierter Ruhe agieren, beschaulich betrachten, was ist, um zu formen, was sein wird.
- Tulsiblätter – das Erwachen ist kein Konzept, sondern eine reale Erfahrung, die der Sehnsucht unseres Herzens folgt.

RITUAL – NIMM DIR ZEIT

Gehe in die Sauna, in den Wald oder was immer dir entspricht, um dich ganz zu spüren. Genieße ein »Date« mit dir selbst. Komme bei dir an, unterstütze dich selbst gut, sei ehrlich mit dir. Reflektiere, was dein künstlerisches Potenzial und deine Kreativität wirklich nährt. Wenn du magst – notiere das. Lass los, was dich nicht nährt und triff deine Entscheidung ganz bewusst. Lass alles Verantwortlichmachen irgendwelcher Umstän-

REZEPT – DUFTKOMPOSITION »DIE MUSEN WACHKÜSSEN«

- 1 Tropfen naturreines ätherisches Öl Muskateller-Salbei (in Schwangerschaft und bei Epilepsie bitte weglassen)
- 1 Tropfen naturreines ätherisches Öl Himalaya-Zeder
- 1 Tropfen naturreines ätherisches Öl (Blut-) Orange (bio)
- 1 Tropfen naturreines ätherisches Öl Cananga

Diese Mischung reicht aus für einen Raum mit 30 qm. Wenn du gleich mehr zurechtmachen möchtest, kannst du Tropfenanzahl durch Milliliter ersetzen und ggf. das Rezept verdoppeln.

de ein für alle Mal los. Lass alle Ausreden fahren und schaue, was es an praktischen Dingen braucht, um das Leben zu beginnen, welches du dir wünschst. Muss noch etwas getan, geklärt, gereinigt werden? Nimm wahr, worin du dir selbst ein Bein stellst und vergib dir selbst zutiefst und in allen Punkten. Wenn du möchtest, finde, gestalte oder zeichne ein Symbol deiner Vergebung. Besonders gut eignet sich der Abend in freier Natur dazu, wenn das für dich machbar ist. Dazu lass an die Oberfläche kommen, was im Untergrund noch gut verdrängt vor sich hin schwelt. Nimm auch Unfähigkeit an, alles, was schiefgelaufen ist. Liebe dich selbst, trotz allem (und gerade deshalb) ganz und gar in dem Wissen, daraus erwachsen zu sein. Lass das Leid los in jeder Hinsicht. Auch das, mit dem du dich selbst bestrafst. Wer systemisch oder energetisch arbeitet, findet hier noch mal eine gute Nacht zur Lösung der Fallstricke und vermeintlichen Hindernisse. Die Raunächte sind von besonders potenter Heilkraft durchflutet – was braucht noch Heilung, woran hältst du nur noch aus Gewohnheit fest?

ÜBUNG – LASS DIE INSPIRATION KOMMEN

1. Lege dich bequem auf den Bauch, wackle etwas aus der Körpermitte, um gut und satt auf der Unterlage zu liegen. Hebe dann das linke Bein mit durchgestrecktem Knie soweit nach oben, wie es gut geht, dann das rechte. Im fließenden Wechsel bei tiefem Atem 2 bis 4 Minuten weitermachen, während du den Sitz deiner Kreativität im Unterbauch befreist und deine Selbstwahrnehmung schulst. Spüre dich.
2. Komme dann zur Entspannung in die weite Kindhaltung auf die Unterschenkel, während die Arme nach vorne gerichtet sind. Atme ruhig und fließend alle »Abers« aus, die du deiner Kreativität entgegenstellst. Zentriere dich in deinem zweiten Chakra im Unterbauch. Hier ist nicht nur deine Sexualität und sinnliche Wahrnehmung verankert, sondern deine Kreativität. Setze dich nun auf deinen linken Unterschenkel, indem du dein ganzes Gewicht absinken lässt. Mit der rechten Hand fasse den rechten Fuß und ziehe ihn so nach oben. Die linke Hand nimm nach vorne, bilde ein »O« mit Daumen und Zeigefinger, wie es die Taucher tun, und schaue dann in deine Handinnenfläche, als wäre dies ein Sinnbild deines kreativen Selbstausdruckes. Wechsle nach 1 bis 3 Minuten die Seiten. Sollte diese Position für dich nicht gehen, lass sie einfach aus.
3. Zum Abschluss komme wieder sitzend auf deinen linken Unterschenkel, sinke ab, indem du beide Arme nach vorne auf den Boden ablegst. Halte diese Position 1 bis 3 Minuten und tausche dann die Beinhaltung. Lass dich dabei ganz fallen in das Zentrum deines Selbstausdruckes – lass die Inspiration kommen: verbal, visuell, musisch, gestalterisch, schöpferisch, tänzerisch – in Worten, Tönen oder Bildern. Lass es aufsteigen, und wenn du magst, setze es nach diesem Set gleich um.

1

2

3

LIEBE UND VERBUNDENHEIT – 31. DEZEMBER AUF 1. JANUAR

Zarter Rosenduft wirkt sinnlich und öffnet das Herz.

ÖFFNE DICH FÜR VERÄNDERUNG

Die Silvesternacht, auch Neujahrsnacht oder Losnacht, dient dazu, das Neue, über das du dir in den letzten Tagen bewusst geworden bist, willkommen zu heißen. Ertaste neue Wege und gehe diese in vollkommenem Vertrauen, mit Offenheit, in Liebe und Verbundenheit. Frage dich selbst: »Wie lade ich das Schöne in mein Leben ein?«

Es geht darum, den Kräften, die du einladen möchtest, Raum zu geben, sodass sie sich gerne niederlassen. Räuchere jeden einzelnen Raum mit der Intention, was dort stattfinden soll: z. B. gesunde Ernährung in der Küche, harmonisches Miteinander im Wohnzimmer, kreative Prozesse am Schreibtisch und guter Sex im Schlafzimmer. Wenn du das Gefühl hast, dass etwas fehlt in deinem Leben, dass etwas nicht erfüllt ist, dann spüre dieser Qualität am Tage nach, um dem Mitternachtswunsch alle Kraft geben zu können. Gehe in deine hundertprozentige Eigenverantwortlichkeit für all dein Denken, dein Tun und dein Empfinden.

RÄUCHERUNG – LIEBLICH UND STIMMUNGSHEBEND

- Duftrosenblüten – unbedingt isoliert räuchern (siehe S. 115), damit der zarte Rosenduft sich entfalten kann, der inspirierend und sinnlich wirken kann, das Herz öffnet und Zartheit erlaubt, alternativ kann Benzoe verwendet werden.

- Orangenblüten – z. B. an Styrax(rinde) – lädt das Liebliche, das Süße in dein Leben ein, wenn du dir wünschst, dass es ab sofort müheloser gehen darf.
- Copal gold – schöner Orakelduft, der die lichtvollen Kräfte ruft und die Stimmung zu heben vermag.

Erlaube dir, dich in allen Aspekten ganz klar zu sehen – in den wundervollen und feinen, aber auch in denjenigen, die vielleicht noch Heilung oder Transformation benötigen. Du bist wandelbar, Veränderung ist möglich. Wenn du noch nicht weißt, wohin die Reise geht, kann auch das Orakeln Klarheit geben. Nichts davon ist dann in Stein gemeißelt, aber du kannst deinen eigenen Empfindungen und Gedanken auf die Spur kommen. Gestalte es dir schön und ansprechend, innen und außen, damit die lichten Kräfte Freude haben, sich bei dir niederzulassen. Wenn du magst, entzünde Kerzen (am besten Pflanzenstearinkerzen) und deine Duftlampe mit oben genannten ätherischen Ölen, das freut auch die Ätherwesen. Schau, dass es deinen Anvertrauten, deinem Umfeld, deinen Kindern, aber auch deinen Tieren und Zimmerpflanzen bzw. denjenigen im Garten und auf dem Balkon gut geht.

Das spielerische Orakeln kann dir Klarheit schenken, vor allem wenn du noch nicht weißt, wohin deine Reise gehen soll.

ÄTHERISCHE ÖLE – FESTLICH UND MOBILISIEREND

- Ylang-Ylang – sehr sinnlicher und trotzdem beruhigender Duft, wundervoll festlich, wenn du dich gerne zeigen magst in deinem »neuen Ich« – wenn du deine Ruhe brauchst, wähle einen anderen.
- Mandarine – harmonisierend und freudvoll einstimmend auf das, was da kommen mag, schön für Feste, da es so gut wie jeder mag, alternativ Orange.
- Bergamotte – ein einzigartig ausbalancierender Duft – wenn du zu schnell bist, beruhigt er dich, wenn du apathisch und zu langsam bist, mobilisiert er, einstimmend auf ein gutes Jahr in innerer Balance.

DIE ORAKELNACHT

Bleigießen am Silvesterabend hat bis heute Tradition – inzwischen gibt es auch ökologisch vertretbare Alternativen mit Wachs oder Ähnlichem. Auch andere Orakelbefragungen wie Weissagungskarten und Tarot sind bis heute beliebt. Kinder im Norden Deutschlands gingen mit dem Rummelpott, einem quäkenden Musikinstrument aus einer Schweinsblase, Süßigkeiten sammeln, indem sie Lieder vortrugen. Bauholz, das in der Silvesternacht Punkt zwölf Uhr geschlagen wurde, so hieß es, würde nicht verrotten. Wer zu den Ältesten, insbesondere den Eltern, nicht freundlich spricht in dieser Nacht, dem würde es im darauffolgenden Jahr zehnmal heimgezahlt werden. Bäcker backen Neujahrsbrezeln, auch ein Symbol der Unendlichkeit. In manchen Gegenden ist das Narren der Mitmenschen z.B. durch seltsame Tiererscheinungen wie den Hasenbock in Österreich Brauch. Das Feuerwerk und auch die imposanten Feuerräder, die zu Tale gerollt wurden, gehen auf die Germanen zurück, sie dienten der Vertreibung dunkler Mächte. Wichtig ist auch der sogenannte Kehraus: Allerspätestens bis Silvester musste das ganze Haus geputzt gewesen sein, in jedem Fall wurde die Stube noch ausgefegt, damit alles bereit ist für das neue Jahr. Auch das Räuchern war hier von ganz besonderer Wichtigkeit – das Alte binden und loslassen, das Frische und Wache einladen. Mit schauerlichen Masken und viel Lärm wird das alte Jahr vertrieben. Auch war es in dieser Nacht legitim, den anderen die Meinung zu »geigen«, wenn das Orakel im Familienkreis ausgelegt wurde oder auch hinter dem Schutz der Maske. In der Silvestersymbolik blieb der keltische Juleber in Form des Marzipanschweines erhalten sowie das glückbringende Hufeisen der von den Kelten verehrten Pferde. Im Wort »Prost« steckt im Übrigen auch ein kleiner Segenswunsch, denn es bedeutet so viel wie »es möge gelingen«. Nach einem Brauch aus Schaffhausen musste man am Silvestermorgen vor Morgengrauen aufstehen, um als »Stubenfuchs« geehrt zu werden, während der letzte, der wach wurde, als »Neujahrskalb« verspottet wurde. In manchen Regionen hatte der Pfarrer selbst den Wein zu

Der Hasenbock ist eng verwandt mit dem Rasselbock aus Thüringen und dem bayerischen Wolpertinger.

spendieren. War dieser zu sauer, gab es weniger Spenden. In anderen Regionen stiegen die Männer nachts auf den Kirchturm, um das schweißtreibende Neujahrsgeläut einzustimmen und das alte Jahr auszuläuten. Die schwimmenden Nussschalen sind ebenfalls ein schöner alter Brauch, der Liebenden ihre Zukunft prophezeite – je nachdem, ob die Boote beieinanderblieben oder auseinandertrieben, stand es gut oder weniger gut um die Beziehung. Schneebälle aus geheiligtem Wasser sollten auf den Stall geworfen werden, um das Vieh zu schützen. Junge Mägde bekamen zwei Becher vorgesetzt – griffen sie blind nach dem Becher mit Wein, hieß es, sie würden wohlhabend heiraten. Wer den Becher Wasser erwischte, musste sich mit anderem begnügen.

In der Orakelnacht können verschiedene Bräuche und Rituale zelebriert werden, die der Vorausschau ins neue Jahr dienen.

STIMMUNGSAUFHELLENDE TEEZUBEREITUNGEN

- Sonnenhutblüte – stärkt nicht nur die Abwehrkräfte (hierfür wird v.a. die Wurzel verwendet), sondern auch das sonnige Gemüt.
- Orangenschale – ein köstlicher, stimmungsaufhellender Tee, wenn Demeter-Orangen verwendet werden, da Produkte mit dem sog. EG-Bio-Siegel noch immer einen Teil an Spritzmitteln enthalten können.
- Apfelminze – köstlicher Tee und die einzige Minze, die auch Kinder hin und wieder trinken können, da kein Menthol enthalten ist – gerade recht für lange Nächte in Klarheit.

Sammle deine Wünsche und stelle dir vor, dass sie bereits erfüllt sind.

RITUAL – SAMMEL DEINE WÜNSCHE

Schreibe einzelne Schlagworte auf ein Stück Papier oder Holz mit Qualitäten, die du dir für das kommende Jahr ganz persönlich, aber auch weltweit wünschst. Dann bringe diese zu einem Kraftbaum deiner Region. Wenn es dir möglich ist, setze dich zu diesem Baum und meditiere mit seiner Wesenheit, nimm sie einfach nur wahr. Nimm deine Begriffe in deiner Vorstellung so wahr, als ob sie bereits erfüllt wären und empfinde dies auch zutiefst.

Wenn du möchtest, kannst du in dieser Nacht an die alte Tradition des Orakelns anknüpfen, wie sie im Bleigießen erhalten blieb. Das geht natürlich auch umweltfreundlicher mit Wachs bzw. Tarotkarten oder dem I Ging. Oder du verfasst selbst ein Orakel mit kraftvollen und aufrichtenden Wünschen für deine Gäste. Wenn du magst, bereite ein Glas vor, in das du im kommenden Jahr jedes Mal, wenn etwas Anrührendes, Zauberhaftes oder Wundervolles geschieht, eine kleine Erinnerung daran einwirfst. So befüllst du dieses Glas bis zur Neujahrsnacht ein Jahr später. Der Glückstaler im Geldbeutel kommt daher, aber auch die Glücksbohne, symbolisiert durch duftende und mit einem guten Wunsch besprochene (Tonka-)Bohnen.

ÜBUNG – SCHÖPFE AUS DER FÜLLE DES UNIVERSUMS

Schöpfe jeden Tag aus der Fülle des Universums und spüre die Kraft, die dabei entsteht.

Intoniere »Jio« in monoton wiederholender Abfolge, während du deine Hände zur geöffneten Blüte vor dein Herz legst. Stelle dir vor, dass über diese Herzensblüte alle Aspekte, die du dir noch wünschst, und alle Unterstützung aus der Fülle des Universums strömen, um dich zu nähren. Spüre zugleich, wie die Schwingung der Klangfolge deine eigene Herzensschönheit erweckt und befreit. Lass dies einfach fließen, solange du Freude daran hast.

KOSMISCHE VERBUNDENHEIT – 1. AUF 2. JANUAR

Mit einer Süßgrasräucherung lädst du die leichten und süßen Kräfte in dein Leben ein.

SPÜRE DIE KRÄFTE DER NATUR

In dieser bezaubernden Nacht geht es darum, dir bewusst zu machen, dass alles Leben untrennbar verbunden ist – alles, was du tust hat Auswirkungen: innen und außen, heute und morgen, oben und unten. Frage dich selbst: »Empfinde ich mich selbst als Teil der Natur?« Es geht um das Verbinden mit den Kräften der Natur, um Naturbegegnung, Achtung, Erdung. Du bist ein Teil der Natur und als solches ein hingebungsvoller Aspekt des großen Ganzen.

Wenn du dich heute Nacht ins Freie begibst, ist dies wie ein kosmisches Portal zur Verbundenheit mit den Kräften der Erdenmutter. Lass es dir nicht nehmen, dies zu erleben, denn du selbst bist ein Teil der Natur. Als solcher erfährst du die Natur nicht außerhalb von dir, sondern dich selbst innerhalb derselben.

RÄUCHERUNG – LEICHT UND VERBINDEND

- Alantwurzel – verbindet sanft mit den Kräften der Natur, lädt die Devas ein.
- Eibischwurzel – nährt die Hingabe an die Kräfte der Natur, um die eigene innere Ruhe zu erfassen.
- Ehrenpreiskraut – unspektakulärer, aber verbindender Duft zur Heilarbeit mit Heilpflanzen und anderen Elementen der Erde.
- Süßgras – lädt die lieblichen, die süßen und die leichten Kräfte in unser Leben ein.

Lange genug hat der Mensch sich unter dem schlecht interpretierten Leitsatz »Mach dir die Erde untertan« rüpelhaft verhalten, was uns das Gefühl bescherte, nicht Teil dieser Instanz zu sein und das auch noch mit schlechtem Gewissen, mangelnder Anbindung und Erdung. Die Erdenkraft ist reine Mutterliebe, die alle Mangelgefühle zu revidieren vermag, sofern du dich ihr ganz hingeben kannst. Reinen Herzens den Devas der Pflanzen, der Bäume, aber auch denen der Steine sowie den Erdenhütern zu begegnen ist heute Nacht mit einem beeindruckenden Selbstverständnis möglich. Lass dich ein auf das, was für dich stimmig ist. Wenn du keine Angst hast, gehe in der Nacht raus, zumindest aber nach der Dämmerung und lass dich von der Erde vertrauensvoll tragen.

Begegne den Naturgeistern mit reinem Herzen und spüre, wie die Kräfte der Natur dich unterstützen.

ÄTHERISCHE ÖLE – WEITE UND KLARHEIT

- Nagar motha – sehr erdendes Öl mit beruhigender Tendenz, um besser hinspüren zu können; stark verdünnen.
- Holz von der Atlas- oder Himalaya-Zeder – lehrt das Verstehen der Natur und zentriert uns als Teil derselben.
- Latschenkiefer – vermittelt die Weite und Klarheit des Waldes und seiner Heilkraft.

WETTERZAUBER UND -ORAKEL

Historisch waren Wetterorakel und -betrachtungen sehr wichtig und aussagekräftig für die Ernte. War das Wetter in den Raunächten vornehmlich klar und sonnig, konnte man von einem ebensolchen Jahr ausgehen. Bei reichlich Winden ging man von turbulenten Jahren aus. Wenn man um

Spüre die Anwesenheit der Devas und bereite ihnen kleine Geschenke oder würdige sie in einer Räucherzeremonie.

12 Uhr in der Mettennacht den Himmel sehen konnte, versprach das ein gutes Erntejahr: »Mettenstern sieht der Bauer gern«. Waren die Raunächte nebellastig, wurden unklare Phasen oder ein nasses Jahr mit schlechten Ernten erwartet. Donnerte es, war klar, dass es galt, achtzugeben, sowohl zwischenmenschlich als auch den landwirtschaftlichen Alltag betreffend. In jedem Fall galt es das Wetter und damit die Verhältnisse in der Natur wahrzunehmen. Die Verbindung dazu war viel unmittelbarer. Jede Art des Wetterzaubers (incantatio tempestatum) gehörte zu den elementarsten und daher auch zu den ältesten Arten des Zaubers an sich. Für einen Regenzauber wurden Steine mit Wasser übergossen. Sollte jedoch mehr Sonne scheinen, gab es bronzene Scheiben, die als Sinnbild der Sonnenkraft verehrt wurden. Wetterumschwünge konnten Katastrophen und Missernten in Europa auslösen, wie das Abkühlen der Erde im Jahr ohne Sommer 1818, ausgelöst durch einen Vulkanausbruch (Tambora) im fernen Indonesien.

STÄRKENDE TEEKRÄUTER

- Tannwipfel (die jungen Triebe der Tanne) – als Sirup oder Tee nicht nur Atemwege stärkend, sondern auch in der eigenen Kraft zentrierend.

- Alantwurzel – Wirkung wie die Räucherung (Seite 80), zudem Atemwege reinigend und befeuchtend.
- Rotkleeblüten – nicht nur fruchtbarkeitsfördernd für Frauen und hormonell wirksam, sondern auch die Lichtkräfte mit der Erdenkraft verknüpfend.

RITUAL – SPÜRE DIE ANWESENHEIT DER DEVAS

Wenn du hinaus gehst, bleibe ganz bei dir. Ganz bescheiden und offenherzig. Nur wenn sich dir die Kräfte der Natur offenbaren können, ist es möglich, interpretationsfrei in Kontakt zu gehen. Bleibe also urteils- und wertfrei, um sehen zu können, ganz wie es dir dein inneres Kind in der Nacht des 27. auf 28. Dezember gezeigt hat. Bereite kleine Geschenke vor, Devas lieben diese – das können (Edel-)Steine sein (die nicht gewaltsam der Erdenmutter entrissen wurden, also keine Massenware aus dem »Esoterik-Bedarf«), eine Räucherzeremonie, aber auch ein schönes Lied erfreut sie. Lass alles »Wollen« zu Hause und erlaube ihnen, sich dir zu zeigen, wenn sie möchten. Dies kannst du mit geschlossenen Augen wahrnehmen oder mit etwas Glück auch mit offenen Augen sehen.

Vielleicht zeigen sie sich dir aber auch erst im Traumbild der Nacht. Auch die Art der Kontaktaufnahme darfst du ihnen überlassen – nichts ist richtig oder falsch. Und wenn sie das heute nicht tun, dann vielleicht morgen. Und wenn das überhaupt nicht dein Ding ist, ist es auch völlig in Ordnung.

REZEPT – TOTEMBEUTELCHEN

Ein Totem ist ein Verbündeter nach indianischer Tradition. Schaue nach deinen persönlichen Verbündeten aus dem Reich der Pflanzen, der Elemente, der Tiere und der Lichtwesen. Was stärkt dich, was begegnete dir im letzten Jahr auf berührende Art und Weise? Nimm Symbole oder Aspekte, mit denen du dein Totembeutelchen füllst, wie Federn oder Pflanzenteile, Erden von besonderen Regionen oder Asche vom heiligen Feuer. Wenn du magst, trage das um den Hals oder lege es auf deinem Altar ab. Es ist schön, für jedes Element einen Stellvertreter dabeizuhaben. Das kann eine Feder sein für die Winde, ein Pflanzenteil für die Erde, eine Muschel für das Wasser und ein Holz für das Feuer. Vielleicht hast du aber auch kleine Andenken an spirituelle Erfahrungsfelder, wie z. B. Schwitzhütten o. Ä., die du mit hineingeben möchtest.

ÜBUNG – VERBINDE DICH MIT DEINEM WURZELCHAKRA

1. Setze dich in den losen Schneidersitz oder in den Fersensitz auf ein Kissen und atme tief, um dich mit der Erde an sich, aber auch mit deiner eigenen Stabilität zu verbinden. Atme dann ein und spanne deine Pobacken an. Halte das über 3 bis 10 Sekunden und atme dann aus, um ganz loszulassen.
2. Führe das 2 bis 6 Minuten fort, um deinen Beckenboden zu stärken und dein Kreuzbein mit dem Wurzelchakra zu stärken. Das Wurzelchakra ist das Zentrum deines Urvertrauens und der Stabilität in dir selbst. Lege dich dann auf den Bauch und hebe im Wechsel das durchgestreckte linke Bein und danach das rechte Bein, um deine Verbindung zur Lebenskraft zu aktivieren. Ca. 1 bis 3 Minuten bzw. schaue, wie lange das für dich mühelos praktikabel ist.
3. Danach komme direkt in die Kindhaltung, um dich ganz fallen zu lassen. Vielleicht kannst du dich wie ein Samen fühlen, alles beinhaltend, bereit zur Reife und zum Wachstum. Dann setze dich auf, um der Welt genau das anzubieten. Spüre dabei nach, was es ist, was in dir reift und was du der Natur anbieten willst. Wo kannst du wie sinnvoll dienen – in diesem Fall den Kräften der Natur?

1

2

3

ANNEHMEN UND GEBEN – 2. AUF 3. JANUAR

LEBE IN DER FÜLLE

Du hast viel geschenkt bekommen in den letzten Tagen – welche Fülle, welche Vielfalt, welche Tiefe. In dieser Nacht geht es nun darum, diese Fülle zu genießen, sie zu mehren, Freundschaft zu erkennen und zu ehren. Du bist von Lebenskraft und Lebensfreude durchdrungen für all dein Denken, Tun und Sein. Du bist ein Geschenk für diese Erde. Frage dich: »Was kann ich gut und was gebe ich gerne?«, »Was macht mich ganz besonders glücklich?«

Es ist ein Gesetz der Fülle, dass sie weiter fließen möchte. Innerer und äußerer Reichtum möchte in Bewegung bleiben, um lebendig zu sein. Was ist es, was du gerne und freien Herzens geben kannst und willst? Was entspricht deiner Bestimmung zu geben? Welche Fähigkeiten wurden dir in die Wiege gelegt? Was möchtest du der Welt schenken? Was kannst du gut und mühelos geben? Hast du Angst zu geben und Mangel zu erleiden, wenn du teilst, was du hast?

Süße Sinnlichkeit darf als Teil deiner Wahrnehmung zelebriert werden.

RÄUCHERUNG – SINNLICH UND ERFÜLLEND

- Benzoe Siam oder Sumatra – das Schöne im Leben feiern, sinnliche Aspekte einladen.
- Tonkabohne – Reichtum auf allen Ebenen möglich machen, in Eigenverantwortung in Fülle gehen, auf isolierende Schicht Sand raspeln (vgl. Anleitung S. 115).
- Colanuss – Freundschaft feiern und ins Tun gehen, mit der Fülle dessen, was dir geschenkt wurde (in Mischung an

Guggul) – ein schönes Geschenk ist auch diese mit einem guten Wunsch besprochene Nuss für deine Liebsten, da sie der Freundschaft geweiht ist.

Folge dem Gesetz der Fülle und überlege dir, wo du aus freiem Herzen geben kannst und möchtest.

Lass los, was bei dir zu viel ist, wo anders aber gut gebraucht werden könnte. Vielleicht weißt du auch, dass Liebe und Mitgefühl vermutlich zu den wenigen Dingen gehören, die sich mehren, wenn du sie voller Freude teilst. Probiere es aus. Was braucht deine Unterstützung, welche Freunde deine Hilfe, welche Projekte dein Engagement? Mache dir auch Gedanken über Gerechtigkeit: Wer hat viel und wer zu wenig? Wo liegt es vielleicht sogar in deiner Balance, einen Ausgleich zu schaffen? Überlege, wie du sinnvolle Dinge, Projekte und anderes unterstützen kannst. Vielleicht wird dir bewusst, dass jeder Einkaufszettel ein Stimmzettel ist. Unterstütze doch lieber die kleinen, feinen Projekte statt die der Großanbieter, die Raubbau an Mensch und Natur betreiben. Oder initiiere welche. Erlaube dir Selbstlosigkeit und ein ökologisches, ethisches Gewissen – wenn nicht wir, wer dann? Sensible Menschen sind Schöngeister. Wo und wie kreierst du feine, freudvolle oder achtsame Stimmungen? Beschenke dich, wenn möglich, mit hervorragendem Essen aus ökologisch und ethisch einwandfreier Herkunft von deinen Demeter- oder Bioland-Landwirten vor Ort.

ÄTHERISCHE ÖLE – FRISCH UND EINLADEND

- Cananga – die Fülle einladen auf allen Ebenen, sinnlich und im Alltag, sich selbst zeigen und in Kontakt mit der eigenen Schönheit gehen, Ylang-Ylang kann genauso gut verwendet werden, da es sich um denselben Baum handelt, allerdings ist der reine Blütenduft noch üppiger und sinnlicher und daher manchen Menschen zu stark.
- Rosmarin – die eigene Kraft leben und der Welt anbieten und schöpferischer Anteil derselben sein.
- Lemongras – heller, frischer und einladender Duft, der das Lichte einlädt in dein Leben, auch wenn du vielleicht nicht mehr daran glaubst, alternativ kann auch Litsea verwendet werden.

Mach es dir bei Kerzenschein gemütlich und überlege, welche Fähigkeiten du der Welt schenken kannst.

LAUSCHE DER NATUR

Die Verbundenheit zu den Kräften der Natur war in den Raunächten ganz besonders stark ausgeprägt. Die Menschen glaubten, dass man die Tiere in diesen Nächten sprechen hören konnte, wenn man gut lauschte. Die Vögel erzählten von fernen Ländern, die man damals noch nicht so mühelos besuchen konnte wie heutzutage. Hörte man einen Hund bellen, sollte man den letzten Gedanken zurückholen, denn dieser galt als richtig und wahr. Die Eisblumen am Fenster deuteten die Menschen anhand der Formen gleich einem Orakel oder dem Muster im Kaffeesatz. Viele Eisblumen deuteten auf ein blumenreiches, also fruchtbares Jahr hin. Erntezauber für das kommende und Erntedank für das vergehende Jahr waren feste Größen im Leben der Menschen. Den Hausgeistern stellte man gerne Milchschälchen zum Dank für ihre helfenden Hände hin, denn sie galten als energetische Unterstützung für Haus und Hof. Mit den Hausgeistern im Einklang zu leben hieß auch, sich darauf zu verlassen, dass sie das Anwesen beschützen. Ganz besonders in den Bereichen, die dem Menschen verborgen bleiben. Dankbarkeit galt aber auch den Menschen, die einander nahestehen. Damals wie heute zelebrieren wir das in Form von Weihnachtskarten und guten Wünschen für das neue Jahr. Auch die Familienbande waren heilig in dieser Jahreszeit, so wie wir es auch heute noch rund um die Weihnachtsfeiertage wahren: Wir machen uns Geschenke, Komplimente, planen aber auch bereits das kommende Jahr.

LEBENSSTÄRKENDE TEEZUBEREITUNGEN

- Lindenblüte – ein Tee, der Helligkeit in den Alltag bringt auch bei eingefleischtem Pessimismus.
- Weißdornblüte und -blätter – klassisch zur organischen Herzstärkung, aber auch energetisch wunderbar, um die Herzensfülle zu leben und ein Leben in Freude zu generieren.
- Mariendistelsamen – leberstärkendes Mittel, wenn das Leben dir bitter scheint und du noch am Mangel festhältst oder glaubst, es stünde dir nicht zu, ein leichtes und freudvolles Leben zu führen.

RITUAL – ERKENNE DEINE FÄHIGKEITEN

Nimm dein Raunächtetagebuch zur Hand und notiere in einer stillen Stunde bei Kerzenlicht deine Fähigkeiten. Am besten nachdem du geräuchert und dich verbunden hast. Kennst du deine Fertigkeiten, deine zwischenmenschlichen Kompetenzen? Erkennst du sie auch an? Notiere alles, was du zu geben hast, auch wenn du dir das vielleicht im Augenblick noch nicht zutraust. Wenn es innere Hindernisse gibt, stell dir einfach einen Moment vor, es gäbe keine Angst, die dich hindert. Notiere auch die Kleinigkeiten. Setze dich dann hin, um die wichtigsten Punkte meditativ ganz in dir aufzunehmen, die kleinen und die ganz großen. Stelle sie dir als Samen vor, welche du in einen wunderbar vorbereiteten Gartenboden legst. Nimm wahr, wie sie wachsen und gedeihen und langsam zu blühen beginnen. Du kannst dir dich selbst auch als Baum vorstellen, an dem Früchte zu reifen beginnen – die Früchte dessen, was du wirklich bist. Wenn du gärtnerische Ambitionen hast, ist diese Nacht ein guter Zeitpunkt, tatsächlich Saaten vorzuziehen. Wenn du magst, kannst du diesen Punkt auch in reflektierenden Gesprächen mit deinen Liebsten angehen. Erzähle, worauf du stolz bist, und nimm die Kraft deines Gegenübers urteilsfrei wahr. Wie schön zu wissen, wer du bist – wo du ganz hinter dir stehen kannst, wofür du dich liebst. Das hat nichts mit Ego zu tun, sondern mit klarer Selbsterkenntnis und dem Teilen deiner besonderen Kräfte. Trau dich, traut euch. Denkbar ist auch, Schönes aber für dich Überflüssiges zu verschenken, über das sich jemand anderes freuen kann: Bücher, Bekleidung, Bilder …

Sprich mit deinen Liebsten über Dinge, auf die du stolz bist.

REZEPT – HEIMISCHE SAATENMISCHUNGEN

Recherchiere, welche Wildpflanzen in deiner Gegend heimisch sind. Wirf einen Blick auf die Empfehlungen am Ende des Buches, um Saatenmischungen für Wildbienen

und Insekten zu kreieren. Viele Fertigmischungen enthalten ökologisch wenig wertvolle oder gar invasive Arten (gebietsfremde Pflanzen, die sich stark ausbreiten können und dadurch das heimische Ökosystem gefährden) wie Herkulesstaude, kanadische Goldrute, Vielblättrige Lupinie, Staudenknöterich, Drüsentragendes Springkraut u. a. Sammle deshalb dein Saatgut lieber selbst oder kaufe es bei vertrauenswürdigen Bio-Saatguthändlern. Eine Liste dazu findest du im Anhang. Auch sogenannte Saatgutbomben machen wenig Sinn, da die im Netz kursierenden Mischungen oft oben genannte Arten enthalten und die Ausbringung auf fremdem Besitz nicht nur strafbar sein kann, sondern auch nicht den erwünschten Keimerfolg verspricht, da diese Wiesen vielleicht zu früh gemäht werden.

Schenke auch den Tieren und Pflanzen in deinem Garten Raum und Fülle.

Die selbst zusammengestellten Saatenmischungen kannst du an deine Freunde verschenken und mit einem schön gestalteten Etikett und der Information versehen, welche Insekten welche Pflanzen lieben und als Nährstoffquelle benötigen. Hummeln lieben z. B. Natternkopf, den Eibisch, aber auch Oregano und den Kriechenden Günsel. Bienen mögen Sonnenblumen sowie Glockenblumen, Phacelia oder Katzenminze. Wenn es Zuchtformen sind, achte auf die ungefüllten Varianten, z. B. bei Ringelblumen. Mit Gräsern, Nadelgehölzen und immergrünen Büschen, also den Gestaltungselementen moderner Gärten, mit »Unkraut«-abschirmender Folie und nutzlosem Steinbelag können Insekten nichts anfangen. Schau zuvor nach, was bei dir in der Region heimisch ist.

Der NABU (Naturschutzbund) hat dazu einige Tipps im Netz veröffentlicht. Tagpfauenaugen, Ochsenaugen und andere Tagfalter lieben die Witwenblume. Blutweiderich sieht in feuchten Ecken nicht nur zauberhaft aus, sondern wird vom Kleinen Fuchs und etlichen Nachtfaltern geliebt. Baldriannektar ist bei den Dickmaulrüsslern beliebt, kleinen Rüsselkäfern, die sich hauptsächlich von Tau und Nektar ernähren. Hornklee ist eine wichtige Futterpflanze und die schöne Kartäusernelke wird von vielen Schmetterlingen, u. a. vom Zitronenfalter, besucht.

1

2

3

4

ÜBUNG – AKTIVIERE DEINEN HERZRAUM

1. Setze dich aufrecht auf dein Kissen, recke die Arme im 60- bis 80-Grad-Winkel nach oben, während die Daumen zueinander zeigen. Lege den Kopf leicht in den Nacken, um dann mit Feueratem deinen Herzraum zu aktivieren. Der Feueratem ist eine kurze, blasebalgartige Zwerchfellatmung, ähnlich dem Hecheln eines Hundes. Wenn das nicht gleich klappt, ist das nicht schlimm, beginne einfach von vorne. Wenn du dich damit nicht wohlfühlst, atme lang und tief.
2. Komme dann in die Hocke, wenn möglich auf den flachen Füßen stehend. Strecke die Arme parallel zum Fußboden aus und atme abermals im Feueratem oder im langen tiefen Atem. Visualisiere dabei, was du loslassen musst, um freigeben zu können.
3. Komme dann mit den Händen und den Füßen auf den Boden für den herabschauenden Hund. Stelle die Füße weit genug auseinander, um möglichst flach auf der Erde stehen zu können.
4. Wenn du deine Position gefunden hast, strecke das linke Bein nach hinten aus und wippe dich frei von allen Reglementierungen deines Kopfes deinem Herzen gegenüber. Nach 1 bis 3 Minuten wechsle die Seiten. Danach lege dich einige Minuten hin, um dem nachzufühlen. Atme dabei tief in die Schönheit deines gerne gebenden Herzens hinein.

VERBUNDENHEIT UND INTEGRITÄT – 3. AUF 4. JANUAR

Indem wir die Integrität des anderen würdigen, Anteil nehmen und Freiheit schenken, stärken wir unsere Herzensverbindungen.

ZELEBRIERE DANKBARKEIT

Diese Nacht steht unter dem Stern der Dankbarkeit für alles, was dich zu dem gemacht hat, was du heute bist. Dazu gehören positive Erfahrungen ebenso wie vermeintlich negative. Denn gerade auch diese haben dich geformt und gestärkt. Es ist die Zeit, Dankbarkeit zu formulieren – sei es tatsächlich ausgesprochen oder lediglich in deiner Wahrnehmung. In dieser Nacht geht es auch um die Anerkennung der Integrität des Anderen, um Würdigung und Anteilnahme, Vergebung, das Schenken von Freiheit und Empathievermögen. Frage dich selbst: »Kannst ich die Wesenskraft meines Gegenübers spüren und seinen Raum wahren?«

Wir sind verbunden von Herz zu Herz – immer. Auch deinen Ahnen kannst du für dein Lebensgeschenk danken und um ihren Segen bitten. Nichts ist selbstverständlich. Würdige die Dinge und Begebenheiten, die Begegnungen und Erfahrungen, die dich zu dem machten, was du heute bist.

RÄUCHERUNG – KREATIV UND VERBINDEND

- Muskatblüte – in die eigene Kraft gehen, um präsent das zu nähren, was wichtig ist; alternativ eine Prise Muskat räuchern, gerne in Mischung mit Dammar, damit es nicht zu stark wird.
- Dammar – Verbundenheit spüren und aus ganzem Herzen leben, das Herz als Instanz der Wahrnehmung aktivieren. Wenn du kein Dammar hast, verwende guten Weihrauch.
- Kardamom – die Fülle dessen wahrnehmen, was mir widerfährt und kreative Impulse daraus erfahren; der Duft wahrt deinen Raum und erlaubt dem Gegenüber seinen.

Dankbarkeit und Anerkennung zelebrieren das Kostbare, auch wenn es Themen gab, an denen du lernen und wachsen durftest. Dankbarkeit ist große Medizin und erlaubt dem Leben, sich in seiner Pracht an dich zu verschenken. Erlaube dir auch das Verzeihen und Loslassen, wo immer es dir möglich ist, um dich und andere freizugeben. Gib kleinmütige Gefühle des Neides und der Missgunst frei, indem du sie mit Achtung und Respekt ersetzt. Groll ist ein Band, das in beide Richtungen fesselt. Halte niemanden fest, versuche Menschen nicht zu bewegen, Dinge zu tun, die du gerne von ihnen hättest, benutze sie nicht für deine eigenen Interessen. Erst so werden Begegnungen erfüllend, da sie auf Augenhöhe und aus eigener Intention entstehen. So entsteht echte Herzensverbundenheit.

Dankbar sein, auch deinen Ahnen gegenüber, hilft dir beim Loslassen und Verzeihen. Mach dich frei von negativen Gedanken und lade das Positive in dein Leben ein.

ÄTHERISCHE ÖLE – INSPIRIEREND UND NÄHREND

- Zimt (Cassia oder Ceylon, beide stark verdünnen oder 2 TL in 1 ml Orange geben) – die Vielfältigkeit der Fülle nähren und die Inspiration darin annehmen.
- Bernstein – ein seltenes und sehr herbes Öl aus dem destillierten Harz, auch als Räucherung denkbar, um die Verbindung zur zurückliegenden Kraft aufzunehmen, sprich zu den Ahnen, z. B. bei Aufstellungs-, Ahnenarbeit oder wenn du biografisch arbeitest (am besten in geeigneter Mischung).
- Mandarine – schöner Duft, der die Fülle würdigt, gerade wenn es vielleicht nicht so einfach war anzunehmen, was dir zuletzt widerfuhr.

Keltische Bräuche sind bis heute lebendig und begegnen uns in vielen Sagen und Geschichten.

ZAUBERTRANK UND HEILIGER GRAL

Der Ahnenkult oder Manismus (lat. manes »Geister der Verstorbenen«) bestand in nahezu allen Kulturen, da diese das heutige Leben hervorgebracht haben. Die Geister hatten auch die Kraft, das Leben zu segnen oder zu beschützen, vor allem bei den sesshaften Volksstämmen. Der Totenkult hingegen versinnbildlichte eher die Angst vor der Sterblichkeit an sich und wollte sicherstellen, dass die Toten nicht zurückkehrten. Man vermutet, dass keltische Fundstücke wie der Krieger von Hirschlanden oder der Fürst von Glauberg bildliche Ahnendarstellungen sein könnten.

Den keltischen Kesselbrauch kennen wir nicht nur vom Druiden Miraculix und Obelix, der in denselben fiel, um unmenschlich stark zu werden. Die Kelten gaben den Toten Kessel mit auf den Weg – im Fall des Fürsten von Hochdorf sogar einen 500 Liter fassenden. Es scheint auch Opfergaben, vielleicht sogar Menschenopfer, gegeben zu haben, will man den Geschichten von Strabon (griechischer Geschichtsschreiber, 63 v. Chr.) Glauben schenken. Schöner ist die Geschichte Taliesins (»strahlende Stirne«), der unerlaubt vom Zaubertrank der keltischen Hexe Ceridwen gekostet hat und dabei die Weissage- und Dichtkunst als Barde erlernte, um sie so der Welt zu schenken. Ob die Legende um den Heiligen Gral auf diese Kesselzauberei zurückzuführen ist, wissen wir nicht, denkbar ist es allerdings. Der Kessel kann auch Symbolbild sein für das, was die Ahnen uns mitgaben für unseren persönlichen Weg.

REZEPT – HISTORISCHER HYPOKRAS / GEWÜRZWEIN

- 1 l guten Bio-Rotwein trocken
- 6 Gewürznelken im Mörser aufgebrochen
- 6 Kardamomkapseln im Mörser aufgebrochen
- 6 Koriandersamen im Mörser aufgebrochen
- 6 Sternanis im Mörser aufgebrochen
- 1 daumennagelgroßes Stück frischen Ingwer in kleinen Würfeln
- 1 bis 2 Stangen Ceylon-Zimt in kleine Stücke gebrochen
- 4 Tränen Weihrauchharz oder 1 Msp. gemahlenen Weihrauch
- 1 Prise schwarzer Pfeffer oder Schinus

Alle Zutaten über Nacht im kalten Wein ansetztten und ziehen lassen. Am Tag darauf alles bis 60 Grad erhitzen und mind. 4 Stunden stehen lassen. Auf Trinktemperatur erwärmen und den Saft einer Orange oder Zitrone und ggf. Honig oder auch Agavensirup (50 bis 100 g) nach Wunsch zugeben. Wer keinen Alkohol mag, kann den Ansatz mit rotem Traubensaft zubereiten.

RITUAL – RUFE DIE KRAFT DER AHNEN

Stelle Bilder deiner Ahnen auf, wenn du möchtest, und ein Licht der Anerkennung davor. Wenn es Dinge gibt, die dich sehr dankbar machen, schreibe diese in einem Brief auf, den du absenden oder auch selbst behalten kannst, ganz wie es für dich stimmig ist. Es ist wundervoll nährend, andere anzuerkennen und dich damit an der positiven Kraft des Erdenlebens zu beteiligen. Du darfst dabei ruhig auch denjenigen danken, die vielleicht an schwierigen Situationen beteiligt waren, an denen du aber rückblickend gewachsen bist. Damit holst du nicht zuletzt alle Kraft auch wieder zu dir selbst zurück, die ansonsten in Bedauern, Schuldgefühl oder Schuldzuweisung verbleiben würde. Wenn Menschen Leid erfahren haben, welches sie dazu gebracht hat, selbst Leid zu kreieren, nimm das aus

höherer Warte wahr und vergebe ihnen heute Nacht. Nicht zuletzt befreit dies auch dich vom Festhalten an Schmerz und dem Kreislauf eines unglücklichen Daseins. Wenn du Kinder hast, kannst du Bilder der (Ur-)Großeltern ansehen und über deren Leben mit ihnen sprechen. Oder du zeigst deine eigenen Kinderbilder und die deiner Eltern. Wenn du deinen Eltern noch etwas zu vergeben hast – real oder gefühlt, dann tu das heute Nacht, indem du es aufschreibst und in einem Feuer verbrennst. Danke Ihnen aber auch laut oder leise für das Leben, das sie dir schenkten und anerkenne dabei ihr Leben und ihr Schicksal. Traditionell wird heute auch für die Ahnen geräuchert, wobei es hier mehr um die Geste geht als um das, was du räucherst. Denkbar ist alles, was dich mit deiner eigenen Vergangenheit verbindet. Alternativ kann auch der Besuch eines historischen Museums schön sein. Schau, was für dich stimmt.

ÜBUNG – HAWAIIANISCHER VERGEBUNGSRITUS

Die Kraft der Ahnen wirkt über Generationen und somit auch in deinem Leben. Die heutige Raunacht ist ein guter Zeitpunkt, um ihnen zu vergeben und loszulassen.

Visualisiere eine Situation (nimm die erste, die dir in den Sinn kommt), die dich noch immer belastet oder einen Menschen, mit dem du aktuell Mühe hast, um dies mittels dem hawaiianischen Vergebungsritus zu lösen. Obwohl dieser auf den ersten Blick mit den Raunächten nichts zu tun hat, möchte ich das kraftvolle Ritual kurz vorstellen: Hoʻoponopono bedeutet soviel wie »die Dinge wieder richtigstellen«. Nimm dies ganz an, indem du alle Beteiligten anerkennst und verbindest. Denke dabei: »Es tut mir leid«. Danach geht es um das Wahrnehmen dessen, was es ist: »Bitte verzeih mir.« Daraufhin folgt die Vergebung und auch wenn es dir schwerfällt, formuliere in Gedanken die Worte: »Ich liebe dich.« Zum Schluss darf das Problem freigegeben werden und du bedankst dich. Jedes »Danke« ist eine Art Erlaubnis für das Universum zur Heilung.

Ein Räucherungsritual z. B. mit Muskatblüte hilft dir, in deine Kraft zu kommen und klar zu erkennen, was dir wichtig ist.

SCHUTZ UND PRÄSENZ – 4. AUF 5. JANUAR

SCHÜTZE DEINEN RAUM

In dieser Nacht geht es darum, deinen Selbstschutz zu aktivieren, den eigenen Tempel zu heiligen, deinen Raum wahrzunehmen und Übernommenes loszulassen. In dieser Nacht bereitest du dich auf die Perchtennacht vor. Es geht darum, dass du absolut präsent und zu Hause bist in deinem Selbst. Frage dich: »Wohin geht meine Aufmerksamkeit?«

Erinnere dich an dein ureigenes Potenzial und beginne deinen Raum mühelos zu schützen und zu wahren, indem du selbstbestimmt darin wohnst. Stehe voll und ganz hinter dir. Erlaube dir Nein zu sagen. Wenn du Ja sagst, sage ganz Ja. In deinen heiligsten Raum darf nichts hinein, was du hier nicht haben möchtest. Du nimmst deine Aura wahr, welche mindestens die Weite deiner ausgestreckten Arme hat und dich wie ein schützender Kokon umgibt. Sei auch in deinem feinstofflichen Körper, deiner Strahlkraft zu Hause. Je klarer du darin gegenwärtig, sprich zu Hause bist, desto weniger tanzen die »Mäuse« auf dem Tisch.

RÄUCHERUNG – AKTIVIEREND UND KLÄREND

- Palo Santo – kann als Holzstück direkt entzündet oder als Späne geräuchert werden, hat die Eigenschaft, alle verlorenen oder verliehenen Aspekte des Selbst wieder zu sich zurückzurufen; darauf achten, dass dieses heilige Holz nicht aus Raubbau stammt.
- Weihrauch indisch oder afrikanisch – Ersterer ist zitronig-süßlicher, Zweiterer herber, rauchiger; beide verbinden die spirituellen Aspekte mit dem Stofflichen und wirken reinigend auf das individuelle Kraftfeld.
- Ingwer – wirkt aktivierend und aufrichtend, gerne in Mischung verwenden, um den ausleitenden Aspekt des Weihrauchs zu unterstützen, stärkt die eigene Position und das klare Sichpositionieren – gerade in Kombination an gutem Weihrauch, dazu den Ingwer getrocknet und gemahlen verwenden.

Wenn du in vollem Bewusstsein in dir verankert bist, desto reiner bleibt dein Kraftfeld. Auch deine Ausstrahlung ist klar und damit auch tendenziell das, was dir begegnet. Die Außenwelt reagiert auf diese unausgesprochenen »Gebrauchsanweisungen«. Wenn du unklar bist, sind es deine Begegnungen auch. Wenn du glaubst, nicht gut genug zu sein, glaubt dies dein Gegenüber ebenfalls. Du bestellst dir das in der Außenwelt, was du selbst über dich glaubst. Daher ist volles Bewusstsein über das, was in deinem Innersten vor sich geht, besonders wichtig. Es kreiert deine Zukunft und deine Begegnungen. Achte auch auf deine »uncharmanten« Emotionen wie Neid. Alles worauf du neidisch bist, hat Aspekte dessen, wo du selbst auch gerne stehen würdest. Nimm diese Kraft, um dir das zu kreieren, statt demjenigen das zu missgönnen, auf den du neidisch oder eifersüchtig bist.

Palo Santo, Weihrauch und Ingwer ergeben eine stärkende und reinigende Mischung.

ÄTHERISCHE ÖLE – LUXURIÖS UND FEIERLICH

- Geranienarten – zur würdevollen Weihung deines inneren Tempels (v. a. für Frauen, wenn der Duft behagt), feierlich, etwas luxuriös und sehr selbstbestimmt. Besänftigt das Gefühl zu kurz zu kommen und lindert Empfindungen des Mangels.
- Elemi – das männliche Pendant für aktiv gelebte, zentrierte und ausgerichtete Männlichkeit im klaren Fokus des Kriegers (nach yogischer Tradition) mit Weitblick und zielgerichtetem Dasein, die Kräfte werden nicht vergeudet.
- Iris – teuer, aber die verdünnte oder die milde »Light«-Version reicht aus, um deine inneren heiligen Hallen einzuweihen oder ganz neu zu entdecken.

Bevor du mit der Räucherung beginnst, sollten deine Räume aufgeräumt und sauber sein.

REINIGE DEINEN TEMPEL

Nicht nur deinen inneren Tempel gilt es zu bereinigen: Allerspätestens an diesem Abend muss das ganze Haus geputzt sein und blitzen, wenn in der kommenden Nacht die Percht mit ihrer Wilden Jagd vorbeikommt. Wer sie nicht beleidigen wollte, hielt auch das Haus rein, nachdem das eigene Innerste aufgeräumt wurde. Mit ihr ist nicht zu spaßen. Man musste also gut vorbereitet sein. In manchen Regionen galt das aber auch nur zwischen Weihnachten und Neujahr. Das Bettzeug durfte nicht ins Freie gehängt werden, damit sich keine Krankheit darin verfing. Haare durften nicht geschnitten werden, damit Kopfschmerzen vermieden wurden. Die Hausgeister durften nicht vergessen werden: Man brachte Dankesgaben in den Stall und auf den Dachboden, aber auch auf das Feld oder in den Garten. Heute ist es angebracht, Hof, Garten oder auch nur den Balkon zu räuchern – sollte das schlecht möglich sein, reinigt man mit Salzwasser den Eingangsbereich. Man achtete peinlich darauf, dass einem an diesem Tag nichts herunterfiel, denn dies könnte Verlust bedeuten.

MOBILISIERENDE TEEZUBEREITUNG

- Löwenzahnblüte – bringt die aktive Energie des selbstbestimmten Lebens inklusive Selbstschutzes bei gleichzeitig guter Laune zurück, unterstützt deine Ausscheidungsorgane sanft, wenn die Leber mehr Unterstützung benötigt, nimm die Wurzel oder iss von den Blättern, die auch im Winter draußen zu ernten sind.
- Schwarznussschale – nicht heimisch, aber effektiv gegen Parasiten und die Bereitwilligkeit, diese zu beherbergen, kann wie Schwarztee mit (Hafer-)Milch getrunken oder als Chai zubereitet werden.
- Ingwer, Zitrone – die perfekte Mischung als erstes Heißgetränk am Morgen, dazu abends den Ingwer mit ca. 60 Grad überbrühen und über Nacht stehen lassen; am Morgen ggf. leicht erwärmen und frisch ge-

presste Zitrone dazugeben; wirkt reinigend und mobilisierend; die Zitrone unterstützt die Ausleitung von Gries- und Steinbildung der Galle, also Formen der Verhärtung.

RITUAL – SCHMÜCKE DEINEN INNEREN TEMPEL

Lege dich hin und stelle dir den Weg in deinen heiligsten inneren Tempel vor. Stelle dir die Landschaft genau vor. Vielleicht warst du lange nicht mehr dort und der Weg ist überwuchert, vielleicht musst du Treppen hinabsteigen. Vielleicht stehen Wachen davor, denen du erst mal klar machen musst, dass dies dein Tempel ist. Dann öffnest du die Türe und betrittst den Raum. Wie sieht es hier aus? Beginne den Raum zu klären, zu entrümpeln, ggf. Spinnweben zu entfernen, öffne Fenster und Türen

Visualisiere deinen inneren Tempel, reinige und schmücke ihn, sodass du gerne dorthin zurückkehrst.

REZEPT – RÄUCHERFÄCHER UND ENERGETISCHES REINIGUNGSSALZ

Während der gesamten Raunächte warst du vielleicht mehr draußen als sonst und schöne Federn, besondere Hölzer oder Saaten, Früchte oder Wurzeln oder andere schöne Dinge sind dir begegnet. Wenn du magst, bastle dir heute ein Amulett oder einen Räucherfächer daraus, auch um dich an diese kostbare Zeit zu erinnern. Für einen Räucherfächer fasst du Federn zusammen, die dir geschenkt wurden, umschließt die Enden mit Leder, das mit Samen oder Holzteilen verziert werden kann. Lass dich leiten, was wie angebracht werden möchte. Ein energetisches Reinigungssalz kannst du zubereiten, wenn dir das Räuchern nicht möglich ist. Du brauchst:

- 100 g möglichst heimisches Ursalz
- 4 Gewürznelken
- 1 Prise Weihrauch (3–4 Weihrauchtränen)
- 1 TL getrockneten Gundermann/Gundelrebe

Alle Zutaten im Mörser pulverisieren und erst danach, wenn du magst, durch die Verreibung mit dem gewünschten Thema energetisieren (Was soll draußen bleiben, was darf rein?). 3 bis 5 Tropfen ätherisches Öl Spiklavendel zugeben. In diesem Fall ist es hilfreich, botanisch genau diesen Lavendel zu verwenden, da er das regenerative Element genauso mit sich bringt, wie das kräftigende und aufrichtende. In ein Schraubglas abfüllen und auf 5 l Putzwasser 1 EL zugeben, um die Räume damit zu reinigen.

Schütze deinen Raum mit einer klärenden Räucherung, zum Beispiel mit Palo Santo, Ingwer oder Weihrauch.

und lass Licht und Luft hinein. Lade deine liebsten Seelenschwestern und -brüder samt ihrer Kinder und Kindeskinder ein, deine Verwandten, deine Helfer aus dem Lichtreich, deine Tier- und Pflanzenverbündeten. Verbrenne auf dem großen Altar, was nicht mehr benötigt wird. Entrümple ruhig großzügig. Dann beginnt ihr in einem großen Fest alles wunderschön zu gestalten, auszuschmücken, mit Kerzen zu versehen oder mit Blumen. Jemand legt dein Amulett der Kraft auf den Altar sowie ein Symbol der Verbundenheit mit deiner ursprünglichen Seelenweisheit und Herzensliebe. Deine Ahnen bis in die 7. Generation kommen und legen ein Element ihres Segens für diese, deine Inkarnation dazu. Nachdem nach und nach alle Helfer gegangen sind, schaust du dich in deinem nun so zauberhaften, kraftvollen und beeindruckend schönen Tempel um. Du fühlst dich darin sehr wohl. Du bist hier zu Hause und kannst jederzeit zu diesem schönen Bild zurückkehren.

KLARHEIT UND AUSRICHTUNG – 5. AUF 6. JANUAR

FINDE KLARHEIT

Die letzte Raunacht, auch Perchtennacht genannt, steht ganz im Zeichen der Klarheit.

Visualisiere deine Zukunft vor deinem inneren Auge und manifestiere deine Wünsche für das neue Jahr.

Es geht um die Ausrichtung für das kommende Jahr und dessen Bestimmung, aber auch um die Segnung der hinter dir liegenden Raunächte. Nimm wahr, was dich kräftigt und aufrichtet und lasse das los, was dem nicht entspricht. Frage dich selbst: »Wohin soll es im neuen Jahr gehen?«

Überwinde die letzten Ängste und lade das Ursprüngliche, das Wilde und das Archaische ein. Betrachte die Urkaft der Erde mit achtsamem Blick und entdecke ihre facettenreiche Schönheit. Nimm die Geborgenheit der dich liebenden Erdenmutter und deine Verwurzelung deutlich wahr. Wo hast du deine Wurzeln verankert? Was nährt dich, was bringt dich in Einklang mit deiner Kraft? Segne dich selbst und dieses Jahr mit allem, worauf dein Fokus liegt, um ganz ins Vertrauen zu gehen, sodass es tragfähig ist und dich nährt. Lass das Dunkle hinter dir, um dich dem Licht zu widmen. Gib dem deine Kraft und Aufmerksamkeit, statt dich von diffusen oder nicht reflektierten Ängsten regieren zu lassen.

RÄUCHERUNG – LICHTVOLL UND KANALISIEREND

- Wacholderbeere oder -holz – die Beere zur Kräftigung der wilden Weiberkraft, das Holz zur Unterstützung archaischer Männlichkeit, nährt die Selbstbestimmtheit und richtet uns in unserer Kraft auf.
- Beifuss- oder Wermutblätter – starke Schutzfunktion, wirken wie energetische Rausschmeißer, wobei der Beifuß milder ist und der Wermut noch stärker.
- Angelikawurzel – altes Hexenräucherwerk mit stark erdender und Kräfte kanalisierender Funktion, auf Sand räuchern.
- Holunderblüte – da alle drei oben genannten Räucherungen nicht geeignet sind mit Kindern oder in der Schwangerschaft, ist dieses zarte und lichtvolle Räucherwerk eine schöne Alternative, auf Sand pur oder mit Sandarak bzw. Copalharz gold.

Wenn da noch etwas ist, was dich hindert, so zu leben, zu lieben, wie es dir ganz und gar entsprechen würde, ist das deine Nacht, um dies endgültig loszulassen. Wie hoch ist der Preis, keine Angst zu spüren, was kostet die Flucht vor der Angst. Scheinbare Sicherheit hat einen hohen Preis, und wie uns die weltweiten Vorkommnisse lehren, gibt es keinerlei Sicherheit, selbst wenn wir glauben, uns darin einrichten zu können. Wenn du es schwierig findest, das alleine zu reflektieren, suche dir Unterstützung in einer Gruppe, einem Camp oder einer Einzelbehandlung wie dem Energetic Clearing. Der Streit zwischen Gut und Böse ist ein klassisches Thema dieser Nacht, der zum Teil als Spektakel ausgetragen wird, um das Gute und damit ein neues, fruchtbares Jahr siegen zu lassen. Um Mitternacht sind die Raunächte beendet und das Gute, das Reine (daher die Sauberkeitsprüfung in den Wohnräumen), das Strahlende, aber auch das Furchtlose, Mitfühlende und Hilfsbereite sollte gesiegt haben.

ÄTHERISCHE ÖLE – FEINSINNIG UND GERADLINIG

- Jasmin – ein urweiblicher Duft für Frauen, die wissen, was bzw. wen sie wollen; verstärkt deine Ausstrahlung; nicht ganz billig, aber die »Light«-Version bzw. eine Verdünnung (wird auch in Prozent angegeben) reicht aus.
- Ho-Blätter – das männliche Pendant; wenn du als Mann weißt, wer du bist und dich in deiner ganzen Kraft lebst, ohne Feinsinniges zu übergehen.
- Zypresse – wenn es gilt, dem neuen Jahr eine geradlinige Struktur und waches Bewusstsein zu geben.

Für die Reflexion schwieriger Themen kann die Unterstützung einer Gruppe oder eine Einzelberatung sehr hilfreich sein.

PERCHT, FRAU HOLLE UND DIE DREI KÖNIGE

Percht (»glänzend«, »leuchtend«) und Frau Holle sind zwei Seiten derselben Gestalt – die Percht ist die wilde, aber strahlende Kraft und Frau Holle die warme, eher mütterliche. Beide schauen am letzten Raunächtetag nach, ob alles schön bereinigt wurde – innen und außen, ob alles strahlt und blitzt und somit einen guten Nährboden darstellt für das kommende Jahr. Fricka, Stampfe, Sperchta oder Frau Gode/Wode und Butzebercht sind weitere Perchtennamen. Sie ist bekannt im gesamten deutschen Sprachraum, zum Teil aber auch in Tschechien und Slowenien. Im Passauer

Perchtenumzüge sind auch heute noch weit verbreitet, insbesondere in Süddeutschland und Österreich.

Gebiet wurde aus der Percht vermutlich die Heilige Lucia/Luzel. In jedem Fall konnten sie die Faulen und Nichtsnutzigen nicht leiden, haben die Frauen und Kinder und die Hilfsbereiten unterstützt. Den Brauch, Spindeln im Brunnen zu versenken oder von der Percht volle Spindeln geschenkt zu bekommen, finden wir im Märchen der Frau Holle wieder. Brunnen sollten der Wohnsitz ungeborener oder ungetaufter Kinder sein, derer sie sich ebenfalls annahm. Daher galt es auch dieses Element zu segnen: Wenn du einen Brunnen besitzt oder einer in deinem Ort steht, umso besser. Vielleicht magst du Blumen niederlegen oder ein Steinchen der Würdigung versenken. Die »Butzebercht« ist eine Perchten-Darstellung, die einen vom vielen Spinnen zu groß gewordenen Fuß hat und im Gebrüder-Grimm-Märchen »Die drei Spinnerinnen« zu finden ist. Der Perchta werden Eisen in Form von Beilen zugedacht, mit der sie ihre uneinsichtigen Opfer zerhacken kann, ähnlich wie es die totenkopftragende indische Göttin Kali tut, wenn man nicht bereit ist hinzusehen. Den Perchtenlauf scheint es seit ca. 1580 zu geben, während es laut lärmende

Eine freudvolle Beziehung auf Augenhöhe erfordert ein Loslassen, um sich frei begegnen zu können.

Umzüge in weiblicher Tiergestalt seit ca. 500 n. Chr. gibt, wie von Caesarius von Arles beschrieben. Perchtenumzüge mit den guten »Schönperchten« und den bösen »Schiechperchten« als lautes Spektakel gibt es noch heute im Süden von Deutschland, wie z. B. der Schwäbischen Alb, aber auch in Südtirol, in Österreich und machen Regionen der Schweiz.

Wenn am Perchtentag die Sonne schien, glaubte man an ein gutes Jahr der Fülle und der Leichtigkeit. An diesem Tag wurden Wünschelruten hergestellt, die ohne Fehl waren. Auch Heilmittel haben besondere Kraft, wenn sie in den Raunächten, ganz besonders aber in dieser Nacht kreiert werden. Holz- bzw. Wildäpfel (Krabapfel), die zum Kirchturmläuten aus der Erde geholt wurden, konnten für Hell- und Weitsicht eingesetzt werden. Seit dem 16. Jahrhundert bis heute schreiben die Sternsinger am Tag der Heiligen Drei Könige Caspar, Baltasar und Melchior »Christus mansionem benedicat« (Der Herr segne dieses Haus) mit Kreide an die Türen (C+B+M – oft mit geteilter Jahreszahl: vorne die ersten beiden, hinten die letzten beiden Ziffern). Die Kinder sind als Heilige Drei Könige verkleidet, ursprünglich um Spenden zu sammeln, manchmal auch, um Süßigkeiten zu bekommen. Zum Teil wird dabei mit Weihrauch geräuchert – dem Räucherstoff, der Spirit mit Geld verbinden kann, was ihn in der Kirche einzigartig macht.

RITUAL – FINDE DEINE URKRAFT WIEDER

Tauche heute ein letztes Mal in das Feld ein, das die gewünschte Veränderung für dein neues Jahr bereithält. Ist da noch Angst oder Sorge? Tauche auch dort hindurch. Sobald der Sturm der Angst und Beklemmung sich gelegt hat, erlaube der Stille dich zu erfüllen. Das ist ein natürlicher

Prozess, der ganz von alleine in die Tiefe geht. (Wenn du dich das noch nicht traust, wende dich an eine Meditationsgruppe mit entsprechenden Anleitungen.) Nimm wahr, wo du dich selbst ausbremst oder zurückhältst und erlaube der Perchtenkraft einmal durchzufegen, damit du deine ganze Urkraft erwecken und wachküssen kannst. Lass all das Verstecken und Zurückhalten sein, um dein wahrhaftes Potenzial zu entfalten. Versenke dich dann ganz in die nährende Kraft der Stille, bis alles Sollen und alles Wollen und die Definition im Außen zur Ruhe gekehrt sind.

Gehe raus und spüre über deine Füße die Verwurzelung in der Kraft und Geborgenheit der Erdenmutter bei jedem Schritt. Deine Füße massieren in Liebe den Erdenrücken. Du spürst, wie sie dich trägt, dich liebt, dich nährt und dich einst wieder in sich aufnimmt, wenn der Zyklus deines Lebens beendet ist. In dieser Nacht kommt die Percht mit ihrer Wilden Jagd zu allen Frauen, die sich zu lieblich, zu püppchenhaft verstecken, um ihnen mal gründlich den mühevollen inneren und äußeren Haushalt zu zerdeppern, sie zu erinnern an ihre archaisch-feminine Kraft. Aber auch zu allen Männern, die Angst vor dieser Form der Urkraft der Frauen haben. Insofern ist es auch eine Nacht, welche die Geschlechter vereint in dem was sie wirklich sind, ohne sich hinter Rollen zu verstecken, frei und wild, klar und auf Augenhöhe, ohne Deals. Ein Ritual kann also auch sein, mit deinem Partner anzuknüpfen an das, was ihr wirklich seid, indem ihr das wechselseitig anerkennt und euch frei gebt, sodass sich jeder entfalten kann in dem, was er

SHEELA-NA-GIG – KRAFTVOLLE WEIBLICHKEIT

In vielen nordeuropäischen Ländern ist die Kraft der wilden befreiten Frau, wie wir sie auch von der Kraft der Percht kennengelernt haben, bekannt. Ein einprägsames Beispiel sind die fast aggressiv anmutenden Frauendarstellungen der irischen »Sheela-na-Gig«-Skulpturen, die ins Innere ihrer weit geöffneten Vulva blicken lassen. Sie werden heute als apotropäische Gestalten interpretiert. Das bezeichnet Schutzzauberfiguren, was auch erklärt, warum sie vor allem Außen an den Gebäuden zu finden sind. Eine bekannte Figur findet sich z. B. an der Church of St. Mary in Herefordshire. Die Herkunft des lustigen Namens ist noch unbelegt, könnte aber vom irischen »Sighle na gcíoch« kommen, was bedeutet »alte Hexe mit Brüsten«. Die vorchristliche Göttin Freya symbolisierte gesunde Fruchtbarkeit und glücklichen Erfolg, die Sheelas eher Lüsternheit, aber auch den Ursprung der Menschheit, den es ohne diese Lüsternheit nicht gäbe. Das widersprach natürlich der Ansicht der Kirche mancherorts, wobei sie in Irland ihren Platz als Glücksbringerin behalten durfte.

wirklich ist. Klammern, Eifersucht, Reglementieren ... all das sind nur Aspekte der Angst und können nicht zu einer erfüllten Beziehung auf Augenhöhe führen. Gib dich und deine/n Partner/in frei. Erlaube dir zu sterben, dem Tod ins Auge zu sehen, aber auch kleine Tode, wie die Franzosen Orgasmen nennen – loslassen und die Kontrolle aus der Hand geben. Wenn du Angst hast sie/ihn dann zu verlieren, ist die Beziehung aus sich selbst vielleicht nicht tragfähig. Klammern ist kein guter Kitt. Zusammenbleiben kann sowieso nur, was sich immer wieder neu, wach und frisch und vor allem achtsam auf Augenhöhe findet. Wenn an einer Beziehung angstbesetzt festgehalten wird, ist der Druck groß und dieses Festhalten kostet sehr viel Kraft.

ÜBUNG – DIE DREI BETHEN

Wenn du möchtest, zeichne das Symbol der drei Bethen – der mutigen Mädchen - auf ein Blatt Papier. Die rote Am-Beth spinnt den Lebensfaden aus ihrem Blut und nährt die große Mutter. Die schwarze Ba-Beth schneidet den Lebensfaden entzwei, ist eine erfahrene Mutter und der Schutz der Bergleute. Die weiße Will-Beth spinnt weißes Licht der Inspiration und der Hell- und Weitsicht mit der Kraft des Neubeginns. Ihr Symbol ist ein ca. 15–20 cm langes Kreuz, das wie ein Mensch auf einem DIN-A4-Papier steht: breitbeinig und mit nach oben gerichteten Armen. Zeichne das Kreuz mittig auf das Papier, lasse jedoch genügend Platz um das Kreuz herum frei. Zeichne dann einen Kreis als Kopf hinzu. Dieses stilisierte Strichmännchen symbolisiert Dich.

Schreibe um das Kreuz herum alles auf, was es noch zu lösen, heilen, transformieren gilt. Sei genau, indem du Dinge konkret benennst, z.B.: »Friede in der Beziehung zu Marcel« oder »Heilung von arthritischen Schmerzen« oder »Auflösung von der Verlustangst meines inneren Kindes«. Lass dir Zeit, alles zu erfassen, was noch an steht und dann schneide alle Aspekte so aus, dass das Kreuz (sprich du) wieder frei steht. Das Ausgeschnittene kannst du verbrennen, es symbolisiert alles, was du loswerden möchtest. Das Kreuz behalte.

Es steht für dein befreites, transformiertes Ich und soll dich daran erinnern, wie du dich von schwierigen Themen oder Situationen gelöst hast. Bewahre das Kreuz gut auf, z. B. an einem dir heiligen Platz.

Dem Feuer schreibt man seit jeher transformierende Kräfte zu. Spüre die Kraft des Elements und finde Klarheit für dich.

Wertvolle Tipps für deine Raunächte

Wie räuchere ich richtig, was muss ich bei ätherischen Ölen beachten? Und was hat es mit Energetic Yoga auf sich? Hier findest du wichtige Hinweise für deine Zeit der Innenschau.

KLEINE RÄUCHERANLEITUNG

»Herr, kommt dieser süße Duft von der Wiese der Seele, oder ist es eine Brise, die von jenseits der Welt herüberweht?« RUMI

Das rituelle Räuchern ist seit Jahrtausenden Tradition vielzähliger Völker, um die symbolische Verbundenheit zwischen Himmel und Erde, oben und unten, innen und außen lebendig sein zu lassen. Hierzu wird die mit einer Metallzange oder den Fingern gefasste Räucherkohle an einer Stelle entzündet und in ein feuerfestes, evtl. mit Sand befülltes Gefäß gelegt. Letzteres empfiehlt sich vornehmlich bei niedrig gebrannten und glasierten Tonschalen oder dünnwandigen Metallbehältern, um den Untergrund zu schützen oder das Räuchergefäß durch die Räume tragen zu können. Die Kohle (bei Kohlen mit Schnellzünder bitzelt diese, japanische Kohlen sind langsamer, aber vollkommen ohne Eigenaroma) durchglühen lassen und jetzt erst (!) das Räucherwerk auflegen, da die Kohle sonst erstickt. Für Räucherungen im Raum reichen oftmals halbe oder geviertelte Kohlen aus. Die Verpackung wieder gut verschließen, damit die hygroskopische Kohle keine Feuchtigkeit anzieht. Zur längerfristigen Lagerung empfiehlt sich ein luftdichtes Gefäß, z. B. eine Vorratsbox aus der Küche. Für eine Räucherzeremonie reicht, je nach Art, die Menge Räucherwerk aus, die zwischen zwei Finger passt – für denjenigen, der es gerne intensiver mag, auch mehr.

Gehe beim Räuchern behutsam vor, damit sich ein schöner Duft entfalten kann.

Blüten werden auf einer kleinen Menge Sand, die zuvor auf die Kohle gegeben wurde, geräuchert. Die ätherischen Öle der zarten Blüten (z. B. Rose, Orangenblüte, Jasmin) verbrennen nicht so heiß, entfalten daher ihre ätherischen Öle sehr schön und das Aroma riecht nicht verbrannt.

Sollen größere Harzstücke gemörsert werden, empfiehlt sich die Beigabe von etwas Sand oder Salz im Mörser, da diese die Reibekraft verstärken. Natürlich gelten für Räucherwerk dieselben Qualitätskriterien, wie für ätherische Öle und Räucherstäbchen (vgl. unsere Infozettel hierzu), da synthetische Aromen oftmals krebserregende oder schlichtweg unangenehm aufdringliche Ingredienzen beinhalten – daher der Nase nach gehen und bei vertrauenswürdigen Lieferanten einkaufen. Im Duft offenbart sich die Seele der Pflanze und geht in Kommunikation mit dir. Viel Freude damit.

RÄUCHERSCHALE VORBEREITEN

Es empfiehlt sich, in die feuerfeste Schale ein wenig Sand zu geben, damit die Schale isoliert und dadurch geschützt wird (bei niedrig gebranntem Ton besonders wichtig, damit dieser nicht platzt). Auch der Untergrund wird so geschützt. Vor allem Metallschalen können sehr heiß werden und Materialien, auf denen die Schale steht, möglicherweise angreifen. Des Weiteren verbrennt die Kohle langsamer. Eine kleine Gabe von Sand auf die Kohle ist sinnvoll, wenn wir zarte Blüten(-mischungen) wie Rose oder Jasmin räuchern möchten, da die Temperatur so etwas niedriger ist und die ätherischen Öle sich dann zarter entfalten, ohne verbrannt zu riechen.

SAMEN UND ZARTE PFLANZEN RÄUCHERN

Die Samen mit dem Mörser/der Kaffeemühle zuvor aufbrechen, da diese sonst ähnlich dem Popcorn durch die Hitze aufspringen. Muskat, Tonkabohnen, Eukalyptusfrüchte oder Colanüsse mit einer Muskatreibe reiben. Die Anschaffung einer solchen Reibe speziell für das Räucherwerk lohnt sich in jedem Fall.

Zarte Pflanzen wie oben beschrieben mit untergelegtem Sand räuchern und zudem rasch wieder von der Kohle nehmen, damit der Duft nicht nur nach verbranntem Chlorophyll riecht, sondern nach den wohlriechenden ätherischen Ölen der jeweiligen Pflanzen. Nicht vergleichen lässt sich selbstverständlich Jasminduft in geräucherter Form mit dem kostbaren ätherischen Öl in der Duftlampe. Die Wirkung und Aussagekraft ist dennoch sehr ähnlich.

UTENSILIEN UND REINIGUNG

Für den Anfang reicht es völlig aus, eine feuerfeste Schale, etwas Sand (Räucher- oder einfach unbehandelten Vogelsand), Räucherkohle und Räucherwerk zu besitzen. Wer weiter einsteigen möchte, wird die Vorzüge eines kleinen Kupferlöffels (zur Dosierung von edlen oder pulverisierten Räuchermitteln) und eine Zange (zum Greifen der Kohle beim Entzünden sehr hilfreich) schätzen lernen. Eine Räucherschale zum Schwenken oder auch ein langstieliger Pokal eignen sich sehr gut, um damit durch die Räume zu gehen, wenn das ganze Haus geräuchert werden soll. In viele edle Räucherschalen zum Schwenken kann im Übrigen auch einfach ein Teelicht gestellt werden, wenn diese nicht in Verwendung sind. Das wirft bei manchen Varianten schöne Muster an die Wand. Wer gerne mit einem Räuchersieb arbeitet, kann sich nach einer Aromalampe umsehen, die ein solches Sieb fassen kann. Dann kann mit einem Gerät sowohl geräuchert, also auch ein paar Tropfen hochwertiges, ätherisches Öl mithilfe von Wasserdampf durch das Teelicht verdampft werden. Es gibt auch Siebhalterungen mit einstellbarer Höhe. Ein Vorteil ist die relative Langlebigkeit und so musst du nicht an den Einkauf von Equipment denken. Aber auch Siebe brennen irgendwann durch. Das kalte Sieb bitte immer gut mit einer alten Zahn- oder speziellen Metallbürste reinigen, damit dir keine festgebackenen Harze Löcher hineinbrennen. Bei Naowa gibt es ein Reinigungsmittel für Duftlampen- und Räucherschalen zum Einweichen von Harzresten. Alternativ verwende Orangenreiniger aus dem Bioladen.

Siebhalterungen mit einstellbarer Höhe sind besonders praktisch.

SEI ACHTSAM IN DER ANWENDUNG!

Kinder, Frauen in der Schwangerschaft oder Stillzeit sowie sehr sensible Personen oder solche, bei denen eine homöopathische Antidotierung vor-

VERZICHTE AUF SYNTHETISCHE STOFFE

Synthetisches Räucherwerk, Duftöle, Parfums oder Parfumöle und Räucherstäbchen sowie Räucherwerk allgemein sind sowohl für die Haut als auch für die Atemwege gesundheitsschädlich und können schwere allergische Reaktionen auslösen! Aber auch naturreine Öle dürfen nicht wahl- oder gedankenlos verwendet werden. Sogenannte polyzyklische Moschusverbindungen sind nachgewiesenermaßen krebserregend. Das bezieht sich im Übrigen auch auf qualitativ schlechte, synthetische Räucherstäbchen. (Laut Ökotest gibt es nur eine Sorte Nag Champa Räucherstäbchen, die unbedenklich verwendet werden kann.) Durch die Aufnahme über die Riechschleimhaut (Einatmen) und durch das Auftragen werden diese in den Organismus aufgenommen, z. T. im Fettgewebe eingelagert. Sie können im schlimmsten Falle zu Magen-, Darm und Leber- oder Nierenstörungen, Lungenerkrankungen, Vergiftungserscheinungen oder allergischen Reaktionen führen.

liegt, sollten sehr machtvolle Räucherungen nicht durchführen oder von der Verwendung von potenziell toxischen Pflanzen (vorwiegend keton-/thujonhaltige Pflanzen wie Thuja, Wermut, Beifuss, aber auch Menthol und Kampfer, siehe auch unter den einzelnen Pflanzenbeschreibungen) absehen und stattdessen zarten, feinen Düften den Vorzug geben. Bei Epilepsie darf kein Muskatellersalbei verwendet werden, da dieser Anfälle (im Übrigen aber auch Wehen) auslösen kann! Während homöopathischer Behandlung sollten alle Minzearten, Kamillearten, koffeinhaltige Pflanzen (wie Colanuss) vermieden werden, um die Medikation nicht zu antidotieren. Der Geruchssinn in der Schwangerschaft ist sehr viel ausgeprägter als sonst, daher ganz deiner Nase nachgehen, und auch hier ist weniger mehr. Räuchere nicht oder zumindest keine starken Substanzen mit kleinen Kindern im Haus bzw. wenn deine Tiere da sind.

Achte bei der Verwendung ätherischer Öle darauf, dass sie naturrein sind und keine Kontraindikationen bei dir vorliegen.

ÄTHERISCHE ÖLE – DIE SEELE DER PFLANZEN

WORAUF DU ACHTEN SOLLTEST

Naturreine ätherische Essenzen sind die lebendige und kraftvolle Seele einer Pflanze, die sich uns hingibt. Qualitativ reine, gewissenhaft gewonnene und von Meisterhand destillierte Essenzen lassen sich auch an deren Duftaura erkennen: Sie strahlen geradezu! Der Duft ist voll und rund, lebendig und facettenreich. Es lohnt also, der Nase nachzugehen, und mit etwas Übung lassen sich viele reine Essenzen von ihren blassen, allzu aufdringlichen oder geradezu langweiligen Nachbarn unterscheiden.

Leider wird aber auch schon so gekonnt rekonstruiert, dass selbst Kenner manche Essenzen nicht von der synthetischen Variante unterscheiden können (vgl. Ökotest Bergamotte vor einigen Jahrzehnten). Mit abschließender Gewissheit können daher nur kontrollierte Chargen mit entsprechenden Analysezertifikaten verwendet werden. Hochwertige ätherische Öle sollten auf hundertprozentige Echtheit, Reinheit und Schadstofffreiheit untersucht sein.

Hochwertige ätherische Öle im Sinne seriöser, etablierter Aromatherapie haben nichts gemein mit windigen Verkaufsstrukturen oder Empfehlungen zur puren Anwendung. Da große Mengen der entsprechenden Pflanzenteile benötigt werden, ist es der Ökologie zuliebe wichtig, nach der »Weniger-ist-mehr«-Strategie vorzugehen.

Auch wenn ätherische Öle im besten Falle ein reines Naturprodukt darstellen, ist der verantwortungsbewusste Umgang sehr wichtig. Daher sollte man sich über Einschränkungen informieren. Die unten genannte Listung erleichtert den schnellen Überblick.

SYNTHETISCHE (DUFT-)ÖLE

Leider werden weltweit noch immer gefälschte, gestreckte oder vollkommen synthetisch rekonstruierte Aromen als naturreine ätherische Öle verkauft. So wird z. B. Teebaumöl 5- bis 10-mal so viel verkauft, wie welt-

ACHTSAME ANWENDUNG

- Ätherische Öle sind potente und hoch konzentrierte Wirkstoffe und sollten daher immer verdünnt angewendet und nur in begründeten Ausnahmefällen pur auf die Haut aufgetragen werden. Bei Epilepsie Muskatellersalbei unbedingt meiden!
- In der Schwangerschaft, Stillzeit und bei kleinen Kindern ätherische Öle nur nach eingehender Beratung und in geringerer Dosierung verwenden. Einige ätherische Öle wirken abortiv!
- Bei ernsthaften Beschwerden einen erfahrenen Arzt oder Therapeuten deines Vertrauens um Beratung bitten. Ggf. auch wenn die ätherischen Öle in der Duftlampe verwendet werden. Bei akutem Nierenleiden sollten z. B. keine ätherischen Öle aufgetragen werden und auch in der Duftlampe nur sehr sparsam verwendet werden.
- Öle, welche Allergien auslösen können, sind z. B. auch Korb- oder Doldenblütler und einige Harze.
- Vorwiegend Zitrusöle, aber auch andere citronellal- und limonenhaltige Öle erhöhen die Lichtsensibilität der Haut, daher bitte nur verdünnt auftragen. Ausführliche Tipps für die Anwendung der ätherischen Öle findest du im Klappentext.

weit überhaupt destilliert wird. Deshalb soll dieses Informationsblatt eine kleine Übersicht verschaffen:
Auf den Etiketten hochwertiger ätherischer Öle sollten sich folgende Angaben finden

- Name der verwendeten Pflanze sowie deren botanische Bezeichnung und Herkunftsland der Pflanze
- Gewinnungsverfahren (Destillation, Pressung, Absolue, Enfleurage oder CO2-Extraktion)
- Ggf. Angaben über die Anbauart, z. B. konventionell, kontrolliert biologisch, traditionell (spritzmittelfrei) oder Wildwuchs
- Bei Mischungen der Titel, die Inhaltsstoffe und folgende Hinweise: evtl. die Angabe »light« oder auch prozentuale Angaben/in Weingeist gelöst o. Ä., um zähflüssige Öle anwendungsfreundlicher zu machen. Mengenangabe in ml bzw. bei harzigen, festen Ölen auch in Gramm.
- Der Hinweis 100 % naturreines ätherisches Öl/Essenz, wahlweise 100 % naturreine, ätherische Duftkomposition, keinesfalls Parfumöl, irritierend ist auch die Bezeichnung Duftöl oder Aromaöl.
- Die Internet- oder Vertriebsadresse der Vertriebsfirma
- Vertriebsadresse und Chargennummer
- Ein kindersicherer Verschluss
- Ggf. sogenannte potenzielle Allergene, wie Limonene, Citral, die als natürliche Bestandteile in ätherischen Ölen enthalten sind.

DIE HEILKRAFT DES ENERGETIC YOGA

Energetic Yoga setzt sich aus den verschiedenen gängigen Formen des Yogas zusammen mit zumeist bekannten, aber auch einigen ganz neuen, effektiven Körperübungen. Besonders wirkungs- und wertvoll erweist es sich in der Kombination mit Energiearbeit, der inneren Achtsamkeit und der Hingabe an den Moment. Diese Aufmerksamkeit schult die kostbare und in unserer schnelllebigen Zeit selten gewordene Fähigkeit, nährende Stille im Selbst – nicht voraussetzend im Außen – zu spüren. Stille ist ein Seinszustand, der unserem Wesen entspricht, nicht ein Prozess, der linear kreiert werden müsste. Blockaden des emotionalen bzw. des geistigen Körpers, die dem Erleben des inneren Friedens entgegenstehen, werden tiefgründig harmonisiert. Körperschatten zeigen sich in Form von Blockaden z. B. aus emotional prägenden Erfahrungen und lösen sich mit dem Üben langsam auf – der Geist wird frei. Energetic Yoga gibt dem inneren Frieden, der Stille Raum zu sein und damit deinem Wesen Raum zur Entfaltung.

In den sinnvoll aufeinander abgestimmten Übungsreihen werden die Blockaden zunächst wahrgenommen, um sie dann in der Übungsabfolge zu lösen und mittels Atemtechniken oder Bewegung aus dem Kraftfeld hinauszutransportieren oder aufzulösen. Blockaden hinterlassen eine Art sicht- oder spürbaren Schatten bzw. eine schmerzhafte Verdichtung auf dem stofflichen Körper: die Verspannung. Blockaden finden sich dann aber auch spürbar in dem feinstofflichen Bereich der Aura, deinem persönlichen Kraftfeld und deinem Selbstschutz. Beide Bereiche können mit Energetic Yoga tiefgründig regeneriert und so in den natürlichen Fluss deiner Lebenskraft gebracht werden.

YOGA KREIERT FRIEDEN

Es geht bei dieser Art der Befreiung des Selbst nicht darum, gedanklich in die damit zusammenhängenden Geschichten zu gehen, welche die Schatten oder den Schmerz erklären könnten. Es geht in erster Linie um das Loslassen der damit verbundenen Emotionalität. Wir lösen, was wir an

Anhaftung kreiert oder was wir erfahren haben, was uns emotional und geistig unfrei hat werden lassen und uns durch Unbewusstheit oder Verdrängung von einem gesunden Körper- und Selbstgefühl trennt.

Energetic Yoga löst im Körper fixierte emotionale Blockaden und unterstützt so ein gesundes Körper- und Selbstgefühl.

Im Energetic Yoga löst du mit dem Atem und dem Bewegungsablauf die Verdichtungen deines energetischen Gefüges, welche Blockaden initiieren. Die Bewegung gleicht einem Kiesel im Wasser, der seine Kreise zieht.

Wir nehmen mit den Übungen Abwehrhaltungen wahr, natürlich auch Schmerzpunkte. Wir gehen aber während des Übens, ohne weiter darüber nachzudenken, direkt in das Loslassen des damit verbundenen emotionalen und im Körper verankerten Schmerzes. Sehr viel Kraft wird benötigt, etwas Rigides krampfhaft zu überdecken, anstatt es einfach zuzulassen und damit auch hinzuspüren. Man kann dies als »Wahr«-nehmen bezeichnen. Die zuvor zur Unterdrückung verwendete Kraft wird frei und kann nun sinnvoll an Stellen eingesetzt werden, denen Energie fehlt. Deine Kräftebalance kehrt wieder in ihre ursprüngliche Harmonie zurück. Die tiefe Entspannung nährt dich zutiefst.

Energetic Yoga ist Gewahrwerden dessen, was im Untergrund den Takt vorgibt, und ein Werkzeug zur Lösung in einem. Im Untergrund laufen oftmals unreflektierte oder reflektierte, aber nicht gelöste Glaubensgrundsätze, Erinnerungen – eigene oder die der Familie, aber auch karmische Verletzungen, »Ent-Täuschungen«, Ängste und unverdaute Emotionen. Diese lassen uns zu einer Marionette werden, die versucht, jede Begegnung mit dem Schmerz zu umschiffen. Der Geist plappert, während das Herz sich nach Hause zu kommen sehnt, in die Stille, in das Sein sehnt. Die Emotionen sind von ihren eigenen Erwartungen enttäuscht. Weder Gedanken noch Emotionen sind verlässliche Quellen. Eine Instanz in uns ist jedoch still und leise, tut sich nicht hervor und ist dabei doch so allumfassend und weise, wie wir uns immer gewünscht haben, irgendwann zu werden: unser Herz, welches uns nach Hause ruft.

Wenn wir regelmäßig die Versenkung ins Selbst praktizieren, werden wir nicht weiter überrollt von undefinierten Anliegen, die an die Oberfläche unseres Alltagsbewusstseins sprudeln, um dort eigenständig und ohne unsere Entscheidung zu agieren. Denn: Es ist jemand »zu Hause«. Es geht nicht um Kontrolle, sondern um Präsenz, um Gegenwärtigkeit. Wenn sowohl der emotionale, der geistige als auch der stoffliche Körper bewohnt sind – wenn du wirklich anwesend bist – dann kennst du dich darin aus. Alles ist an seinem angestammten Platz, alles hat seine Richtigkeit, du bist in vollkommener Balance. Das Schöne ist, dass wir uns nicht darum bemühen müssen, sondern uns hingeben dürfen an tiefe Entspannung in dem bewohnten Körper. Wir erkennen, dass Entspannung und Lösung bzw. Loslassen ein vollkommen natürlicher Urzustand ist, der ein großes kreatives Potenzial birgt.

Regelmäßiges Praktizieren gleich welcher Yogaform (vorneweg aber natürlich die energetischen Varianten) ist wie ein tägliches Reinemachen deines Wesens. Es sammelt sich erst gar nichts an, was im Untergrund schwelen könnte. Du bist aufmerksam mit dir selbst, liebevoll und damit fähig, wachen Herzens auch anderen zu begegnen. Yoga – gleich welcher Form – kreiert Frieden.

DANKSAGUNG

Neben dem Verlag, mit dem es immer fruchtbar ist, neue Werke zu entwickeln, möchte ich meinen wunderbaren Lektorinnen und Lektoren ganz herzlich danken, namentlich Bernd Kampermann, Ute Hagen, Claudia Schnaidt und Clea von Ammon. Tiefer Respekt gilt den einzigartigen Fotografien und der Bildsprache von Charlotte Fischer. Es war wie immer ein Traum, mit dir zusammen Bilder zu entwerfen, die genau so auch wirklich nur mit dir machbar sind.

Den wunderbaren Gesprächen über viele Jahre hinweg folgten einige wertvolle historische Hinweise, die zum Teil bis heute überlebt haben. Daher gilt mein Dank auch ganz besonders den alten Herrschaften vorwiegend auf der Schwäbischen Alb und den Landwirten im Bayrischen, die namentlich nicht genannt werden möchten. Auch dankbar bin ich den Kursteilnehmer*innen und Kollegen*innen, die über viele Jahre hinweg den Kurs zum Thema besuchten, sodass diese kraftvolle Form der Innenschau entstehen konnte. Darunter besonders der Künstlerin Stefanie Ehrenfried mit ihren beindruckenden Nadelfilz-Skulpturen (»Flugsturmfigur« 2020 – 150 × 150 × 250 cm, vgl. Abb. S. 69) und Alexandra Wagner für das Bild vom Hasenbock (Abb. S. 76).

NÜTZLICHE LINKS UND ADRESSEN

NAOWA Naturkosmetik- & Duftmanufaktur – aus reiner Handarbeit mit viel Liebe hergestellt: Naturkosmetik aus heimischen Frischpflanzen, 100 % naturreine, ätherische Öle & Duftkompositionen, rituelles Räucherwerk in großer Auswahl inkl. schönem Zubehör, hochwertige Rohstoffe für deine eigenen Rezepturen, Seminare zur Phyto- & Aromatherapie, Räucherkunde- und Raunachtkurse, Naturkosmetik- & Parfümherstellung, Yoga & Meditation, Camps (Ferienwohnungen vor Ort) und Reisen, Energetic Clearing Behandlungen & Ausbildungen, Therapeutenbedarf

- Info & Seminare: www.Naowa.de
- Shop: www.mynaowa.de

Charlotte Fischers zauberhafte Fotografie: www.lottefischer.de
Stefanie Ehrenfried, Künstlerin: www.se@stefanie-ehrenfried.de

NABU (Naturschutzbund Deutschland): https://www.nabu.de/tiere-und-pflanzen/voegel/helfen/vogelfuetterung/index.html

Saatgut

- www.syringa-pflanzen.de
- www.gaissmayer.de
- www.bingenheimer-saatgut.de
- www.biogartenversand.de
- www.bio-saatgut.de
- www.dreschflegel-saatgut.de
- www.gruenertiger.de
- www.nutzpflanzenvielfalt.de
- www.saatgut-vielfalt.de
- www.samenfest.de
- www.rieger-hofmann.de – sehr informativ, auch für Städteplaner

ZUM WEITERLESEN

Drage, Sigrid: Permakultur. Dein Garten. Deine Revolution. Ein essbares Ökosystem gestalten, das ganze Jahr ernten und selbstbestimmt leben! Löwenzahn Verlag (2021)
Faes, Urs und Meyer, Nanne: Raunächte. Insel Verlag (2018)
Fischer-Rizzi, Susanne: Medizin der Erde. Heilanwendung, Rezepte und Mythen unserer Heilpflanzen. AT Verlag (2010)
Fischer-Rizzi, Susanne: Das Geheimnis deines Ortes. Kosmos (2020)
Fischer-Rizzi, Susanne: Mit der Wildnis verbunden. Kosmos (2016)
Fuchs, Christine und Hess, Sam: Rituelle Hausräucherung. Nymphenburger (2019)
Fuchs, Christine: Räuchern in Winterzeit und Raunächten. Nymphenburger (2020)
Haller, Reinhard: Rauhnacht: Sagen aus dem Bayrischen Wald. Morsak (2002)

Hutchens, Alma R.: Indian Herbology of North America. Shambhala (1991)

Puchtler, Dr. Elke: Lavendelschätze: Von Pflanzen, Düften und Menschen. Pala (2018)

Rätsch, Christian: Räucherstoffe. Der Atem des Drachen. AT Verlag (2006)

Spohn, Margot: Was blüht denn da? Kosmos (2021)

Storl, Wolf-Dieter: Von Heilpflanzen und Pflanzengottheiten. Aurum (2014)

Storl, Wolf-Dieter: Die Seele der Pflanzen. Nymphenburger (2018)

Strassmann, René A.: Baum Heilkunde. Mythos und Magie der Bäume. AT Verlag (2003)

Veit, Myriam: Heilkosmetik aus der Natur: pflegende Salben, Öle und Essenzen selber machen. Kosmos Verlag (2019)

Veit, Myriam: Mein Deodorant. Natürlich frisch. Freya Verlag (2016)

Veit, Myriam: Meine Sonnenpflege. Natürlich geschützt. Freya Verlag (2017)

Zenz, Diana: Aromatherapie für die Seele. Mit natürlichen Düften das eigene Selbst entfalten. Nymphenburger (2020)

Zimmermann, Eliane: Aromatherapie für Pflege- und Heilberufe. Sonntag (2008)

Zimmermann, Eliane; Herber, Sabrina: Aromatherapie für Frauen. JOY Verlag (2019)

BILDNACHWEIS

113 Farbfotos wurden von Charlotte Fischer für dieses Buch aufgenommen.

Mit Farbfotos 113 von Charlotte Fischer, 8 Farbfotos von Shutterstock (S. 107 und 109 und Klappen) und einem Farbfoto von Alexandra Wagner (S. 76).

IMPRESSUM

Umschlaggestaltung von Gramisci Editorial Design , München / Claudia Geffert unter Verwendung von 15 Farbfotos von Charlotte Fischer und 6 Farbfotos von Shutterstock

Mit 122 Farbfotos.

Alle Angaben in diesem Buch erfolgen nach bestem Wissen und Gewissen. Sorgfalt bei der Umsetzung ist indes dennoch geboten. Der Verlag und der Autor übernehmen keinerlei Haftung für Personen-, Sach- oder Vermögensschäden, die aus der Anwendung der vorgestellten Materialien, Methoden oder Informationen entstehen könnten.

Unser gesamtes Programm finden Sie unter **kosmos.de/nymphenburger**.

MIX
Papier aus verantwortungsvollen Quellen
FSC www.fsc.org FSC® C110508

Gedruckt auf chlorfrei gebleichtem Papier

ISBN 978-3-96860-014-7
Lektorat: Clea von Ammon
Satz: Katrin Kleinschrot, Stuttgart
Projektleitung: Ramona Imhof
Produktion: Angela List
Druck und Bindung: Westermann Druck Zwickau GmbH
Printed in Germany / Imprimé en Allemagne

Zentriere deine Kräfte

Energetic Yoga schult ein gutes Körpergefühl und die Selbstwahrnehmung, um emotionale Blockaden durch Bewusstsein zu lösen. Binde dich wieder an den Fluss des Lebens an. Zu viel Last auf den Schultern kann Nackenverspannungen verursachen. Lasse also die Tendenz los, dir zu viel aufzubürden. Nicht, um zu verdrängen, sondern um wieder in deine vollkommene Zentrierung und damit in die Kompetenz zurückzukehren. Die körpereigenen Kräfte werden hierbei ausgleichend verschoben – in der Blockade ist zu viel Energie, in kalten Füßen zum Beispiel zu wenig.

1 ATME IN DEINEN HERZRAUM

Lege dich hin oder arbeite sitzend, indem du deine aktive Hand (bei Rechtshändern die rechte, bei Linkshändern die linke) auf dein energetisches Herz legst, welches sich zwischen den Brüsten befindet. Die andere Hand lege sanft auf deinen Bauch.

2 VERBINDE DICH MIT DEINER HERZENSLIEBE

Atme in deinen Herzraum ein, spüre, wie sich dein Brustkorb weitet und wie dein Ein-Atmen sich mit deiner Herzensliebe verbindet. Diese wird zum Klingen gebracht, spürbar wachgeküsst. Lass deine so kostbare Herzensliebe über deine Hand durch den Arm und durch deine Schulter wieder in deinen Bauchraum fließen, während du ausatmest.

3 SPÜRE DICH SELBST

Von Energie getragene Leichtigkeit fließt in den Bauch, die Bauchdecke senkt sich. Mit dem nächsten Einatmen hebt sich die Bauchdecke wieder. Sei ganz bewusst dabei. Es gibt für den Moment nichts weiter zu tun, als dich selbst ganz und gar zu spüren.

4 LASSE DIE KRAFT FLIESSEN

Die Kraft fließt aus deinem Bauchraum wieder in dein Herz hinein, indem du einen zarten Sog nach oben visualisierst. Atme für 2–5 Min. in diesem Turnus weiter und nimm einfach in dir selbst wahr, was passiert. Diese Übung eignet sich grundsätzlich für die Entspannung in den Abendstunden, aber auch immer zwischendurch, um dich in dir selbst zu zentrieren.